잡사와 문학

프랑크 에브라르

최정아 옮김

東 文 選

잡사와 문학

Franck Évrard

Fait Divers et Littérature

© 1997, Éditions Nathan

This edition was published by arrangement
with Éditions Nathan, Paris
through Shinwon Agency, Seoul

차 례

"그러나 잡사"……
그것은 사실이다."
알프레드 자리

서 론

  콩트, 멜로드라마, 단시, 애가, 시, 극작품, 단편 소설, 추리 소설, 소설들은 흔히 잡사란에서, 즉 규범을 어기고 합리적인 것과는 동떨어진 그러한 분류하기 힘든 사건들에서 착상을 얻었다. 잡사의 영향력은 에밀 졸라·에밀 가보리오·펠릭스 페네옹 같은 19세기 작가들과 20세기의 장 주네(《하녀들》에서 파팽 자매들)·마르그리트 뒤라스(《영국인 애인》 혹은 그레고리 사건에 관한 기사) 같은 초현실주의 작가들 혹은 추리 소설 작가들에서 나타난다. 상투적인 상황과 등장 인물에 기초한 잡사는 문학에 의해 재창조되기 쉬운 영속성과 보편성을 지니고 있다. 잡사는 그것의 저널적인 기원을 제거하면, 문학에 적절한 거리두기와 미화로 풍요로워지고 고상해진다. 그것은 은유적

---

  1) 'fait divers'의 표현 그대로를 드러내기 위해, '삼면 기사' 혹은 '잡보' 대신 '잡사'라고 한다. 《Petit Robert》 사전에 따르면 잡사(fait divers)는 '신문에서 거의 중요하지 않은 소식들'이라고 정의된다. 흔히 사회면 기사라고도 하는 잡사는 주로 범죄에 관련된 사소하고 사적이며 잡다한 사건·사고가 주를 이룬다. 〔역주〕

이고 전형적인 특징을 획득하는데, 그 특징으로 해서 흔히 신화 이야기와 연결된다.

경쟁과 대화

첫번째 두 장은 잡사와 문학 사이의 관계를 드러내고자 한다. 만약 우리가 잡사의 정의와 16세기 이후의 잡사의 역사적 변화에서 출발한다면, 잡사와 문학 간의 진정한 경쟁이 나타나는 것을 볼 수 있다. 이러한 경쟁은 추리 소설, 단편 혹은 연극과 같은 몇몇 문학 장르와 저널 텍스트가 유지하는 공통점으로 설명된다. 19세기, 대중적 독자에게 호소하는 피에 관한 기사로서 잡사는 사실 추리 소설과 사회학적이고 주제적인 유사점을 지니고 있다. 한편 그것의 짧음, 방법의 집약, 텍스트 자율성은 단편 소설의 시학에 근접한다. 펠릭스 페네옹[2]의 《세 줄 소식》이 그것을 드러내 보여 준다. 마지막으로, 보도의 극적인 연출은 여러 가지 점에서 연극적 미학을 상기시킨다. 만약 우리가 반대로 문학과 텍스트들이 혼합된 문집(스탕달의 《적과 흑》, 브르통의 《광적인 사랑》, 르 클레지오의 《배회, 그리고 다른 잡사들》)에서 출발한다면, 잡사에의 참조는 다른 형태를 지니게 될 것이 명백하다. 잡사는 플로베르의 《보바리 부인》에서의 들라

---

2) 페네옹(Félix Fénéon, 1861-1947) 예술비평가, 잡지 편집장. 그 시대의 가장 개혁적인 지성인 중의 한 명으로, 1906년 《르 마탱》지에 출판된 그의 《세 줄 소식》은 블랙유머가 깃든 사회 비평을 하고 있다.

마르 사건처럼 작가의 작업 방향을 바꾸게 할 전 텍스트(avant-texte)가 될 수 있다. 또한 그것은 스탕달의 《적과 흑》의 첫 페이지에서부터 언급되는 루이 장렐의 사형처럼 그것을 포함하는 문학 텍스트의 한 부분이 될 수 있다. 그래서 잡사의 아주 약호화된 서술 텍스트는 허구의 종합적 일부를 이루면서 서술적 문제를 해결하고, 실재 효과(추리 소설들)를 창조하며 의미 효과를 산출한다. 현실에서 차용된 이야기는 인용되거나, 비판적으로 해석되거나, 모방되거나 순서가 바뀌어 여러 형태의 텍스트 관계의 대상이 된다.

의미와 현실의 문제

잡사가 발휘하는 매혹적인 힘은 잡사가 제시하는 상황들과 일상적 사건들이 전혀 예측할 수 없다는 데서 유래한다. "기호처럼 생생하게 살아 있지만 그 내용은 불확실한 사건이 존재하는 모호한 지대"(《평론집》)라고 했던 롤랑 바르트에 따르면, 잡사는 일화의 의미를 설명하기를 포기하는 독자의 무책임을 두둔한다. 반대로 작가에 있어서 잡사의 텍스트는 모든 해석에 열려 있어서 우연·숙명·운명에 관한 의문을 제기하게 한다. 잡사는 하찮거나 괴상하거나 평범한 모습으로 인간의 본성과 운명에 관한 문제를 제기한다. 마찬가지로 죽음·폭력·섹스·법과 그것의 위반에 관한 문제를 제기한다. 보편적인 것을 넘어서는 믿어지지 않는 현실을 연출하는 우연적이고 과도한 이 사건들에게 어떤 의미를 부여해야 하는가? 간격과 침묵·여백이 있는 불완전한 이야기인 잡사는 카뮈나 뒤라스 혹은 로브그리예의 작품들에서처럼 의미를 저버린다. 다른 작가들은 그것에 더 높은 가치를 부여하는데, 거기에서 객관적 우연의 명령과 꿈의 언어에 고유한 예상치 못한 접근이나 한계를 경험하는 기회를 보기 때문이다. 가장자리에서 작용하면서 비상식적인 또 다른 현실을 보여 주는 잡사는 의미를 만들고, 윤리적이고 미학적인 측면에서 감춰진 잠재성을 소유한다. 샤를 푸리에의 뒤를 이어 초현실주의자들은 그 속에서 기존 질서와는 반대되는 새로운 윤리를 만들어 낼 수 있는 가능성을 본다.

　문학 작품이 잡사를 참조하는 것은 소설적 허구와 실제 현실 사이의 관계에 대하여 의문을 제기하게 하고, 진실임직함(vraisemblance)과 사실주의의 문제를 제기하게 한다. 추리 소설에서의 사실주의적 임무는 소설이 베끼고 싶은 현실의 모방적 재현을 향해 담론을 끌어가는 것이다. 그러나 동시에 이야기는 그것이 의문을 제기하는 실재와 거리를 두는 것 같다. 지시적 효과들로 텍스트를 가득 채우면서 현실에 관한 환상을 주기보다는 실제 세계의 모순과 복잡성을 드러내는 것이 더 문제가 된다. 흔히는 스펙터클한 잡사인 대사건이 깊이 있는 구조를 알아맞히는 순간을, 현실이 갑작스럽게 뒤흔들리는 순간을, 시사성이 사회 기저에서 나온 사건들로 우리의 관심을 유인해서 단순한 사실주의를 넘어서는 순간을 파악하라. 스탕달에서 디디에 대냉크스에 이르기까지 명백히 일화적인 범죄는 그 범죄를 가능하게 한 사회-경제적인 기저와 이데올로기적 영역, 역사적 차원을 드러낸다. 문학적 허구는 그 범죄에 은유적 혹은 상징적인 차원을 주기 위해 잡사들의 사실 기록적 내용을 통합하는 것 같다. 이렇게 르 클레지오의 《배회, 그리고 다른 잡사들》의 단편들은 《니스 마탱》지(誌)에서 발견된 평범하고 무의미한 일화의 빈약한 소재들을 특이한 것에서 일반적인 것으로, 독창성에서 전형성으로, 실재에서 신화로 변화하게 하면서 부풀리고 발전시킨다. 질 드 레·비올레트 노지에르 혹은 파팽 자매들의 범죄들은 위스망스·브르통·사르트르·바타유·주네 혹은 투르니에 같은 다양한 작가들의 작품에서 상상력을 실행하는 장소가 된다.

문학의 문제

작가가 직면하는 진실과 의미의 문제들은 언어와 문학에 관한 문제 제기를 동반한다. 윤리와 미학이 불가분의 관계를 맺고 있는 글쓰기가 정의되는 것은 바로 단순화되고 독백적이며 닫혀 있는 저널적 담론과 비교해서이다. 예를 들어 르 클레지오의 작품에서, 미학적이라고 여겨지는 부분들은 실재를 이해할 수 있게 하면서 해독하도록 하는 책임 윤리를 바탕으로 하고 있다. 사회 기구의 폭력과 문명의 망각 능력에 대항하여, 모욕당한 실존의 흔적을 보존하고 숙명에 짓눌린 존재들에게 길을 제시하는 것이 글쓰기의 소관이다.

　독서와 글쓰기의 부차문학적 모형에 연결된 잡사는 작품 속에서 액자 구조를 이루어 작가로 하여금 새로운 글쓰기 전략을 만들어 내도록 한다. 초현실주의적 콜라주, 몽타주 속에서의 이야기와 신화 사이의 공모(비나베르의 연극), 프랑수아 봉[3]의 《잡사》에서 발화 행위의 다중 음성 등은 텍스트가 어떻게 잡사를 바탕으로, 그리고 그것에 대립하여 구성되는지를 보여준다.

---

3) 이 책의 참고 문헌 참조.

I

잡사의 정의와 내력

1. 잡사의 정의에 관해

1) 주제 유형학

선택의 표현

잡사는 단지 사건 그 자체일 뿐만 아니라 그것을 언급하는 보도와 그것을 다루는 신문의 기사란이다. 잡사의 본질은 사실상 미디어로 전파되어 수백만의 시민들에게 볼거리와 들을거리와 읽을거리를 제공하는 데 있다. 어떤 사실, 태도, 혹은 행위가 언론의 기사가 되기 위해 가족적이고 사적인 영역에서 벗어났다는 것을 어떻게 설명하겠는가? 어떤 사건을 잡사로 만드는 선택의 기준들은 사건 그 자체에 내재해 있다. 즉 희귀성과 신선함(최초의 '대리모') 혹은 반대로 반복(이슬람교의 베일의 경우), 근접의 법칙(특히 관할 지역에서 일어난 사건들을 우선시하는 지방 신문), '관계자들'의 성향(명성·연령 등등), 충격을 줄 수 있는 많은 요소들이 있다. 선택은 또한 외적인 요소에 좌우된다. 예를 들어 미디어의 담론을 지배하는 잡사 관계자의 능력, 시사적 배경(전반적인 뉴스의 중요성 혹은 반대로 공허함), 사건의 감각적 측면을 과장하게 되는 나머지 언론과의 경쟁 등이 있다. 마지막으로 기자와 편집자의 주관성도 고려해야 하는데, 그들은 자신의 기분이나 기호 혹은 정치적·종교적 의견에 따라 선택할 것이다. 잡사란은 현실을 반영하는 것이 아니라 현실을 구성하고 편집하고 재현한다. 《르 카나르 소바쥐》(1903)에 게재된 알프레드 자리의 〈잡사〉에서 그는 이러한 주관적 차원에 대해 강조했다.

"[독자는] 연재 소설을 좋아하지만, 그러나 잡사는 다른 것인가? 소설은 아니더라도 적어도 보도원들의 놀라운 상상력에 의한 소식이 아닌가? 만약 보도원들이 잡사가 존재하기를 기다려야만 한다면 그들의 신문은 그 다음 다음날 나올 것이다." (p.518)

중요한 사건과 중요하지 않은 사건

두 부류의 보도, 즉 정치적·경제적·사회적·문화적 영향력을 지니는 소식과, 《언론 어휘 사전》에 따르면 "보도의 어떤 범주에도 들어가지 않는 사회적 삶에 관한 사건·범죄·사고"인 잡사의 구별은 '의미 있는' 사건들과 '무의미한' 사건들의 대립이 된다. 역사적 연속성 속에 포함되는 중요한 사건들 옆에서, 잡사들은 무의미하고 사소한 사건들일 뿐이다. 전반적인 영향력이 없는 그것들은 사적인 인물들과 관련이 많고, 사회의 기능에 대해 직접적으로 주요한 효력을 미치지 않는다. 그러나 이러한 분할은 신중할 필요가 있다. 일상적인 기사에 속하는 어떤 이야기들은 확대되어 그 기사에 의미를 부여할 만한 배경적 소재가 될 수 있다. 그러면 그것들은 사회적 사건으로 승격되어 국가적 쟁점이 된다. 드레퓌스 대위의 첫번째 소송은 정치적 사건이 되기 전으로, 언뜻 보기에는 단순한 범죄 잡사로 여겨졌다. 처음에는 잡사로 다루어진 오염된 피의 사건은 힘을 합친 희생자들의 재결합으로 인해 정치적 사건이 되고, 철학적 문제로까지 커졌다. 1996년 8월에 있었던 생―베르나르 교회에서의 신분증 무소지자들 추방 사건은 정치적·사회적 측면에서 명백한 충격을 주었다. 도미니크 칼리파에 따르면, 범죄 잡사를 통해 사회적 관계 속으로 유입된 폭력은 역사의 적응의 한 양상이고 표식이 될 수 있다고 한다. 사회적 질서 속에서 각 개인의 위치와 삶에 관한 문제를 제기함으로써 폭력은 "그 표본적인 사건이며, 민중이 갑자기 역사를 만들어 내기 시작하는 표명의 도구이다."[1] 예를 들어 1757년 다미앵이 루이 15세에게 저지른 테러 행위는 민중을 역사 속에 상징적으로 들어가게 하는 전형적인 범죄이다. 왕가의 하인이 저

---

1) 칼리파(Dominique Kalifa), 《잉크와 피. 20세기초의 사회와 범죄 이야기 *L'Encre et le Sang. Récits de crime et société à la Belle Époque*》, Fayard, 1995.

지른 이 범죄는 새로운 이념에 물든 민중의 열망을 시사한다.

일시적으로 시사성이 잡사에서 역사로 이행될 수 있을 것이다. 귀납적으로 어떤 사소한 사건들은 사회를 관통하는 눈에 보이지 않는 움직임들의 지침서가 될 수 있다. 빅토르 위고의 《레 미제라블》에서, 〈1817년〉 장(章)은 그해의 중요한 사건과 다음의 범죄 잡사와 같은 소소한 사고를 뒤죽박죽으로 언급함으로써 비조화적인 측면을 보여 준다. "가장 최근에 파리를 동요시켰던 사건은 꽃 시장의 연못 속에 자기 형의 머리를 처박은 도탱의 범죄이다."(p.144) 위고는 사건들을 주제별로 분류하기를 거부하고, 동시에 의미의 중요성에 따라 정보를 계층화하기를 거부하였다. "역사는 이러한 모든 특수성을 거의 무시하는데, 그것은 부득이한 일이다. 역사는 무한히 계속될 것이다. 그러나 이 세부적인 것들, 우리가 부당하게도 사소한 것이라고 부르는 이것들은——인류에게서 사소한 것은 없고, 식물에서 하찮은 잎은 없다——유용하다. 그것이 바로 세기의 면모를 구성하는 해〔年〕의 모습이다."[2]

다양성 혹은 통일성?

명사(fait)에 연결된 '다양한(divers)'이란 형용사는 사건들에

---

2) 《레 미제라블 *Les Misérables*》, Garnier-Flammarion, tome 1, 1967, p.148.

주제적 내용을 주는 데에 어려움을 드러낸다. 분류의 행위, 즉 정보들을 서로 다른 기사란에 배분하는 것과 연관된 이 단어는 부정적으로 정의된다. 롤랑 바르트는 그것을 '괴물 같은' 기사로 여긴다. "잡사는 아마도 분류할 수 없는 것을 분류함으로써 생겨났을 것이고, 형태가 불명확한 정보들의 정리 안 된 쓰레기일 것이다. 그것의 본질은 배타적이며, 세상이 알려진 목록(정치·경제·전쟁·연극·과학 등등)에 따라 명명되기를 멈춘 바로 그곳에서만 존재하기 시작할 것이다." 사실 잡사는 어떤 정치적·경제적·사회적·문화적인 뉴스에도 속하는 것 같지 않다. 《19세기 라루스 대사전》은 잡사란을 사건이 뒤죽박죽 쌓인 창고라고 정의한다. "신문들은 이 난에서 세상을 떠도는 모든 종류의 소식들을 능란하게 모아서 정규적으로 발행한다. 작은 스캔들, 교통 사고, 엽기적인 범죄, 실연 자살, 6층에서 떨어진 기와공, 무장 강도, 메뚜기떼 혹은 두꺼비떼, 난파, 화재, 홍수, 기행, 의문스런 납치, 사형 선고, 공수병, 식인종, 몽유병, 혼수 상태. 거기서 구조 행위는 커다란 부분을 차지하고, 자연 현상은 훌륭한 효과를 준다. 예를 들어 머리 두 개 달린 송아지, 4천 년 된 두꺼비, 배가 붙은 쌍둥이, 눈 셋 달린 아이들, 이상한 난쟁이들……." 잡사란은 기묘하고도 비극적인 사건들이 뒤섞여 이상하고, 엉뚱하고, 신기한 세상을 보여 준다.

  이같은 사건들의 모자이크와 일화들의 무질서한 병렬에도 불구하고 잡사는 어떤 통일성을 보여 주는 것 같다. 그것은 항상 규범을 어긴다. 타인의 재산과 삶에 대한 존중을 위반하고,

일상적 생활의 규칙성을 깨고, 사회적·가정적 도덕을 어기고, 자연 환경의 안전 속에 무질서를 끌어들이고, 단절 혹은 예외를 구성한다. 양립 불능의 관계는 규범과 잡사를 구별하는 차이를 더 넓힌다. 휴가 가는 도중에 발생한 연쇄 충돌 사망 사고는 상상력을 자극한다. 왜냐하면 그 사건은 합법적인 도피 욕구와 자유로운 시간의 쾌락을 예측할 수 없는 죽음에 대조시킨다. 장-마리 르 클레지오의 《배회, 그리고 다른 잡사들》의 단편들 중의 하나인 〈몰로크〉에서 한 여자가 이동 주택 안에서 홀로, 개가 보는 앞에서 아이를 낳는다. 비교적 평범한 이 사건은 그러나 병원이나 집에서의 정상적인 출산이라는 우리의 문명을 특징짓는 규범을 위반하고 있다. 잡동사니 같은 주제들을 바탕으로 해서 행위 그 자체의 관점으로 주요 테마들의 유형을 나눌 수 있다. 다음과 같은 여러 가지 범주들이 나온다.

• **안정의 복원**, 위태로운 순간에 적극적이고 인간적인 주인공들 덕분에 구원을 받는다. "15세 고등학생의 멋진 공적. 3주의 간격을 두고, 그는 연습중 물에 휩쓸린 어린 급우와 자살자를 센 강에서 구해 냈다." 1960년 6월 15일 《파리지엔》지(誌) '1면'에 났다.

• **도덕적이고 사회적인 질서의 위반**, 개인적인 혹은 사적인 폭력 행위(치정 범죄, '방탕한' 범죄, 강간, 절도, 강도, 소란 등)

또는 집단적이거나 사회적인 폭력 행위(무장 강도, 여러 형태의 불법 거래, 테러, 인질, 사기 등). 이러한 잡사들은 사기 집단이라는 소외되고 금지되지만 이국적인 세계와 범죄자들에 관한 매혹을 양성한다. "마코가 속했던 테러리스트들을 지원하는 지하 조직망의 지도자는 장송의 한 고등학생이었다."

• **자연의 질서에 대한 일탈**(화재, 난파, 홍수, 지진, 자연의 잔악함과 진기함)은 인간의 지배에 반항하는 불안하고 원시적인 자연을 드러낸다. 누구든지 재앙이나 교통 사고, 항공 참사의 희생자들이 될 수 있고, 특징 없는 존재들이 등장하는 이 사건들은 로제 그르니에가 '상황의 잡사들'(《피고의 역할》, Galli-mard, 1948)이라고 부르는 것에 속한다. 그것들은 과도한 정열이 관심을 불러일으키는 주모자들의 심리적 독특성을 강조하는 '심리적 잡사들'과 대립된다.

• **절대 위반으로서의 죽음**: 죽음은 그 자체가 자연 현상으로 인지되기는커녕 오히려 어떤 경우에 기이한 형상을 지닌다. 때로 '피의 기사'로 규정되는 잡사란은 범죄, 사고, 자살들이 아주 불합리하게 발생할 때 그것들에게 특권을 준다. 범죄 시리즈나 영아 살해, 존속 살해, 혹은 비정상적인 사고들이 그러한 경우이다. "한 아이가 미끄럼틀 위에서 놀다가 질식사하다."(《도피네 리베레》, 1997년 2월 13일자)

이러한 여러 테마적 범주가 잡사의 보편적 특징을 보여 준다. 잡사의 원형은 상투적인 상황과 인물에 기초한다. 《르 카나르 소바쥐》에서 알프레드 자리는 '다양한(divers)' 이라는 형용사의 정당성에 이의를 제기하기에 이른다. "우선 '잡사들(faits divers)' 에서 충격적인 것은 그것들의 완벽한 유사성이다. 반-사교계(화류계)——드물게는 완전 사교계——여자들의 암살, 그리고 깔려 죽은 개나 사람들, 우리는 거기서 벗어나지 않는다. 그러므로 '다양한' 이라는 단어가 그러한 사건들에서의 어떤 다양성을 내포한다는 생각을 버려야만 한다."(p.517) 대혁명 이후 잡사는 거의 변하지 않았다. 단지 과학의 진보와 연관된 새로운 위반(환경적 재앙), 정신(근친상간, 강간, 예전에는 은폐되었던 소아성애도착자), 사회적 관계(지식층의 범죄), 기술(소프트웨어 불법 복제), 삶의 방식들(성희롱)로 인해 더욱 풍요로워졌을 따름이다.

2) 잡사의 구조

자율성

잡사의 이야기의 특징은 이해에 필요한 모든 정보를 포함하고 있다는 것이다. 그것은 완전한 정보로서, 주동자들과 사건에 관련된 모든 의문들에 대답하는 닫힌 구조를 나타낸다. 다른 기사는 배경 지식에 의해서만 이해될 수 있고 특별한 상황으로부터 그것의 의미를 유추하는 데 반해, 잡사는 그것 자체에서 의미를 발견한다. 그것의 관심과 의미를 파악하기 위해 함축적 의미를 알 필요가 없다. 롤랑 바르트에 따르면, 잡사는 자신의 내재성으로 특징지어진다. "독서의 수준에서, 잡사 속에 모든 것이, 즉 그것의 상황, 원인, 과거, 해결책이 모두 있다. 잡사는 지속도 없고 배경 지식도 없이, 적어도 형식적으로는 암시적인 어떤 것도 참조하지 않는 직접적이고 완전한 존재를 구성한다."(p.189) 정해진 시간도 없고 장소도 없는 잡사들은 자체만으로 충족되는 닫힌 이야기이고, 현실과 진실의 기준에서 벗어난 인상을 준다. 마치 기사가 단지 자신만을 위해서 유희적이고 신화적으로 주어진 것처럼, 마치 사건 그 자체의 자기 실행이 실재를 참조할 필요가 전혀 없었던 것처럼 말이다.

인과성과 우연성의 관계

잡사는 고유한 풍취를 주는 특별한 상황과 그림 같은 세부 사항을 포함한 반면, 매번 한두 문장으로 요약되는 단순한 행위로 구성된다. 이야기를 만들어 내는 요소들은 일반적으로 두 가지 항을 초과하지 않는다. 롤랑 바르트에 따르면, 이러한 닫힌 구조는 두 항 사이의 충격적이거나 기이한 **인과성의 관계** 주위에서 조직되거나(범죄와 그 원인, 사고와 그 배경) 혹은 거리가 멀거나 대조적인 두 항 사이의 **우연성의 관계** 주위에서 구성된다.

　인과성은 실망스러울 수 있는데, 왜냐하면 밝혀진 이유가 기대했던 것보다 더 초라하기 때문이다. "한 여자가 연인을 칼로 찔러 상처를 입혔는데 그들은 정치적 입장이 달랐다." 치정 범죄나 공갈·사디즘 같은 감정을 선동하는 동기들이 기이할 것이 없는 실망스런 동기들에 자리를 내준다. 사소한 원인이 엄청난 결과를 초래했을 때도 역시 실망스럽다. "한 영국인이 외인 부대에 입대했다. 왜냐하면 그는 의붓어머니와 크리스마스를 보내고 싶지 않았기 때문이다." "기차가 알래스카에서 탈선했다. 사슴 한 마리가 선로 변경 장치를 막아 놓았기 때문이다." 이런 모호한 논리는 르 클레지오의 〈배회〉에서도 나타난다. 여주인공이 힘겹게 가방을 훔친 뒤, 트럭에 치여 죽는다.

　우연성의 관계는 여러 형태를 가질 수 있다. 예를 들어 유보된 의미가 의문을 제기하는 사건의 반복("같은 보석 가게에 세 번이나 강도가 들었다"), 서로 다른 두 항의 접근("한 판사가 피갈 거리에서 사라졌다" "아이슬란드 낚시꾼들이 암소를 낚았다"), 그리고 불운한 상황의 표현, 혹은 절정 등이 있을 수 있다. 이러한 경우에 우연성은 너무나 기이해서 상황의 상투성을 뒤집는다. "리틀 락에서 경찰서장이 자신의 아내를 죽였다." "강도들이 다른 강도에 놀라 공포에 떨었다." 위뤼프 신부의 범죄가 커다란 반향을 일으킨 것도 바로 가족적이고 종교적인 법칙들의 가증스런 돌변 때문이다. 신부는 그의 젊은 정부를 죽이고, 그녀가 임신중이었던 자신의 아이를 빼앗아 아이에게 세례를 주고 얼굴을 으스러트렸다. 마르셀 주앙도는 《세 가지 관례적 범죄들》에서 끔찍한 희생에 관해 비평했는데, 그에 따르면 신부는 "성직자이면서 암살자"일 뿐만 아니라 "자기 아들이 자기와 닮을까 두려워 아이를 흉하게 만드는 아버지"이다. 《성년》(1939)에서 미셸 레리스는 이러한 인과성의 돌변을 모두 나열했다. "나는 거리의 사고들, 특히 여름(날씨가 화창하고 더운 날, 모두들 땀을 흘리고, 여인들은 얇고 소매 없는 목이 깊게 파인 원피스를 입고 있는 그런 때)이나 축제일, 휴가, 일요일(사람들이 산책 갔다 오다가)에 갑작스럽게 일어나는 사고들——혹은 난투극——, 간단히 말해 우리가 '피의 크리스마스' '불행하게 끝나는 7월 14일' '비극적인 물놀이'라 일컫는 이 모든 것들이 특히 공포스럽다. 그리고 험악해지고 마는 기쁨(아이들의 너무 큰 웃음소리는 반드시 눈물로 이어지고, 너무 지나친 낙관주의 시대의 결론은 불가피하게 우울함으로 전락하는 것처럼), '마른 하늘에 날벼락'이 되는 모든 것, 축제의 끝무렵에 출현하는 유령, 모든 것이 너무 고요해 보이는 전혀 예기치 못한 순간에 돌출하는 불행——예를 들어 가장 번영할 때 터지는 전쟁, 평화로운 군중에게 총을 겨누는 경찰——이 모든 것들이 공포스럽다."(p.112) 이러한 일상의 예들을 통해, 서로 상반된 것들의 결합이 어떻게 두 수사학과 비슷한지를 볼 수 있다. 즉 두 대상이 서로 대립하거나("사냥 반대론자가 사냥꾼을 죽인다") 혹은 하나의 대상이 자신과 대립하는('사기꾼 할머니들') **대조법**과, 일반적인 논리 및 습관과 대립되는 생각 방식 혹은 행동 방식인 **역설법**이 그것이다("기차가 운전사를 기다리지 않고 출발한다").

서술 기법

대립들 위에서 구성되고, 인물들의 단순 혹은 복잡한 체계를 조직하는 잡사란의 기사는 구조 분석에 속한다. 서술 종류인 이야기는 행동하는 이유, 사건의 재현 혹은 동기, 즉 인과 관계 하에서 일어나는 것을 내포하는 행위들을 중개자의 의도적인 개입 없이 표현한다. 서술 구조들은 잡사에 따라 다른데, 디디에 대냉크스의 《비운의 우체부》(Denoël, 1990)에서 통합된 두 개의 실제 신문 기사가 그것을 잘 보여 준다.

살인한 오믈렛

"25톤의 신선한 달걀을 실은 트레일러가 아라동(모르비앙) 지방에서 출발하여 클레르몽 탕 아르곤 근처의 동부 고속도로 위에서 구덩이에 전복되었다. 트레일러는 완전히 분해되고, 수십만 개의 달걀은 깨졌다. 경찰은 이 거대한 오믈렛 한가운데서 한 남자의 사체를 발견했다."(p.15)

자신의 양말에 목매달다

"리옹 지역의 백화점 진열대에서 물건을 훔치다가 야간 경비원에게 붙들린 15세의 고등학생이 수색용 사무실에서 죽은 채 발견되었다. 그러나 경비원은 상가 센터의 경호를 맡고 있는 경찰을 부르러 나오기 전에 소년의 허리띠와 넥타이를 가져갔었다. 그 소년은 경비원 없는 30분을 이용해서 자신의 모직 양말 한 짝을 풀어서 실을 엮어 약 1미터 길이의 끈을 만들었다. 소년은 그것을 벽 위의 모자걸이에 걸고 목을 매었다.”(p.200)

첫번째 잡사에서 서술적 시퀀스는 여러 개의 연속적인 행위들을 선적으로 언급하고 있고, 행위들은 어떤 단절도 없이 이어지고 있다. 반대로 두번째 기사에서 예기치 않은 사건이 최초의 균형을 깨고 이야기가 급변한다. 텍스트를 분해하면 다섯 개의 절을 포함하는 서술적 시퀀스가 나타난다. 즉 최초 상황, 예기치 않게 최초의 균형을 혼란스럽게 하는 급변(소년의 검문), 행위, 해결, 최종 상황(소년의 죽음)으로 나눌 수 있다. 잡사의 시간적 구조는 그다지 단순치 않은데, 왜냐하면 시간적 선조성을 엄격하게 준수하지 않기 때문이다. 서술 시간의 순서와 이야기 시간의 순서가 결코 평행하지 않다. 평행 관계의 불가능은 서술적 시간 착오를 일으키는데(주네트, 《문채 III》), 이것은 예견(예변법 prolepses) 혹은 회상(역변법 analepses)을 문제로 삼는다. 잡사는 관례에 따라 제목과 첫번째 문장(복합과거 passé composé)에서 살인 사건을 이중으로 알리면서 시작하고, 경비원이 취한 조심성을 대과거로 언급하면서 플래시백을 실행한다. 예변법은 생략된 것을 회고적으로 풀어 주고, 누락된 것을 채워 주며, 언급된 이야기의 배경에서 벗어나지 않으면서 앞선 사건들을 회상하게 해준다. 이어지는 텍스트는 자살을 가능하게 한 믿을 수 없고 이치에 맞지 않는 도구를 사용하는 데까지 연대순으로 진행된다.

3) 공간과 글쓰기

언론이 잡사에 부여하는 문화는 시간(날이 지나면서 정보들의 흩어짐)과 공간 속에서 흩어지는 것이다. 신문 기사 텍스트의 독서 조건은 선적인 독서가 아니라 시선으로 훑는 것이다. 사진들, 제목들과 활자들의 유희, 인쇄, 페이지 구성 등은 글쓰기 공간의 중요성과 텍스트 자체의 중요성을 드러낸다. 이러한 시니피앙들은 발화문 자체에 명백하게 영향을 미친다. 잡사가 아주 많은 제목들과 머리기사들과 나란히 '일면'에 출현한 것은 분명히 의미가 있다. 만약 우리가 기사와 무관한 공간에 관심을 가진다면, 독서의 다양한 단계들이 독자에게 제시된다. 즉 사진이 붙은 큰 제목, 이차 제목, 굵은 글씨로 씌인 첫번째 텍스트(전문), 기사의 핵심을 담고 있는 첫번째 문단, 덜 바쁜 독자는 계속 읽어나갈 것이다. 《다다 5》지에 발간된 그의 텍스트 〈견고하지 않은 집〉에 따르면, 앙드레 브르통은 배치 모형을 제시할 정도로 텍스트의 물질적 공간을 아주 중요시한다. "나의 잡사에 관해, 당신은 그것을 신문 기사란의 넓이 위에 두 개의 수평선과 두 개의 수직 그물 사이에 배치하기를 원하나요(…)"라고 그는 차라에게 1919년 4월 20일에 썼다.

잡사의 글쓰기는 모호한 전략을 바탕으로 하고 있다. 왜냐하면 한편으로 사실주의 소설에 근접한 텍스트는 사건의 진실성을 언급하려고 애쓰고, 다른 한편으로는 독특하고 자극적이며 예외적인 것을 선호하면서 충격적인 이야기를 드러내기 때문이다.

— 커뮤니케이션이 목표로 하는 것과, 즉 지시 대상, 배경·상황에 관한 정보들을 보여 주는 지시적 기능.

— 우리가 만들어 내고자 애쓰는 효과와 수신자를 강조하는 능동적이고 인상적인 기능.

일반적으로 하나의 메시지가 양립하는 이 두 기능을 동시에 실행한다. 사실 지시적 착각은 언급된 사건의 과도함과 과장됨을 믿게 만들 수 있다.

잡사의 글쓰기는 객관적 현실의 보증을 찾는다. 기자는 사건을 가능한 한 양심적으로 언급한다. 기자는 중립성과 객관성이 일종의 신화라는 것을 확인하면서, 사건의 서술에 비해 사건의 설명을 우선시하다. 누가? 언제? 어디서? 무엇을? 어떻게? 라는 질문들에 부합하는 도입부는 다루고자 하는 사건들에 관한 정확하고 자세한 정보를 제공한다. 잡사는 사건을 그것이 명명하고 위치를 정하며, 세부적인 요소들(장소·동네·거리·번호·층 등등)로 특징화한 정확한 공간에 연결된다. 그것은 거의 다큐멘터리적 정확함으로 행위자의 개인적(성·이름·연령)이며, 육체적(외모·식별 표시·내밀한 사항들)이고 사회적

(그룹·직업·습관·행동)인 특성을 나타낸다. 사건이 엉뚱하고 사실 같지 않을수록, 규범과의 차이가 커질수록 이야기는 사실처럼 보이게 하는 세부 사항들과 사건을 인증하고 체험한 것 같은 착각을 주며, 현실 속에 사건을 뿌리 내리게 하는 묘사들을 더욱더 수집해야만 한다. 전형적인 서술 시간인 직설법 현재의 도움으로 차이와 의심을 없앤다. 삽화(그림·사진·지도)는 독자가 잡사를 실화로 읽도록 도와 준다. 화살표와 선들로 사고나 범죄 장소를 다시 만들어 낸 지도는 잡사의 주인공들의 움직임과 여정을 보여 준다. 흔히 상당한 자리, 주제에 할애된 공간의 33퍼센트를 차지하는 사진은 '실재 효과'를 구성하는데, 이는 모의를 통해 개인들의 존재를 구체적으로 만들고 사건을 구체화하여 유사함의 착각을 준다. 진실주의의 전략 속에서 사진은 구경꾼인 독자에 있어 행위가 일어난 순간에 포착된 행위와 독자 사이의 거리를 없애 줌으로써 함정의 역할을 한다. 클로드 아블린은 자신의 수수께끼 소설 《U선의 정기권 이용자》(1947)에서 현대의 신문 속에서 사진의 역할을 강조했다. "그녀는 우선 기초 사진들에 시선을 주었다. 십자가 모양이 찍힌 보도, 희생자의 늘어진 몸, 암살자가 들어간 지하철의 입구 사진들. 제목이 화려할수록, 그림들이 많을수록 신문의 글은 위태로워질 수 있다. 아마추어는 한 줄을 넘지 못할 것이다."(p.15) 만약 《누구? 경찰》에서의 디 마르코의 그림들처럼 삽화가 사진보다 더 선호된다면, 그것은 삽화가 범죄가 발생한 순간을 재생시킬 수 있고 효과적으로 범죄 장면을 연출할 수

있기 때문이다.

이러한 사실화 전략은 놀람·충격·분노·공포를 선동하고
자 하는 연출과 편집을 동반한다. 속보와 신문 기사를 비교해
보면 정보를 다루는 데 있어서 차이점이 잘 드러날 것이다. 속
보는 있는 그대로의 사실을 제시한 반면, 신문 기사는 사건에
‘옷을 입히고,’ 색을 칠하고, 볼거리화한다. 예를 들어 자살과
같은 주제는 주목할 만한 주변 상황, 즉 사건의 충격적이고 비
극적인 차원을 강조해 주는 상황들에 따라 다양해질 수 있다.
조르주 오클레르의 《일상의 마나》에 따르면, 주제(‘보네르(행
운) 가족의 세번째 자살’), 장소(에펠 탑, 지하철 밑, ‘저주받은’
장소들), 추측된 동기(“약혼녀보다 돈을 적게 번다는 이유로 그
는 자살했다”), 방법(분신·음독 등), 연령(“그는 1백3세에 목을
맨다”), 시기(“아내가 죽은 한 달 뒤, 그는 자살한다”) 등은 차이
를 나타내는 많은 변별적인 특성들을 제공한다. 잡사의 이야기
들은 죽음·공격·살인에 대한 환상을 이용하면서 풍부한 표현
적 어휘와 수수께끼적이거나 역설적인 구성을 기꺼이 사용한
다. 기사의 진정한 진열창인 이야기의 제목은 시선을 붙잡기
위해 극적인 과장을 택한다(‘보행자를 친 자동차’ ‘커브길의 죽
음’). 명사 구문의 사용, 통사적 관계들의 제거(“그는 재채기하
다: 그녀는 죽다”), 최상급과 감탄문의 사용이 사건을 스펙터클
하게 표현되도록 한다. 정보를 제공하기보다는 선동적인 제목
들은 흔히 문화적 암시를 참고해야 하는 신조어나 말장난, 은
유를 이용해 복잡하게 꾸민다. 기사의 첫번째 단어들(‘그를 붙

잡아'), 인용 혹은 증언은 속보가 제공한 있는 그대로의 순수한 정보에 추가된 가치를 부여한다.

4) 심리적 기능

소수의 고정된 구조와 주제 주변에서 만들어진 잡사는 보편적 의문이나 고풍스런 관념, 비역사적인 상상력을 참고해야 하는 문화적 불변 요소처럼 나타난다. 잡사에 속하는 사건들은 '일상의 것들'을 건드린다. 그러나 죽음, 인간 실존, 일, 가정 생활을 변화시키는 사고, 행운 혹은 불행 같은 인간 존재의 심오한 관심사들에도 접하고 있다. 몇몇 비참한 참사의 미디어적 반향은 관객에게 그 자신의 운명을 표현해 준다. 도덕과 질서를 위반한 범죄는 사회적 질서와 일상적 질서 한가운데서 각자의 위치와 삶의 문제를 제기한다. 평범성과 예외성이 뒤섞인 어떤 사건들은 독자에게 그를 둘러싼 세계에 대해 이야기한다. 마찬가지로 그것들은 인간 존재를 지배하는 비밀스런 법칙들에 다가가 이해하고자 하는 독자의 욕망에 부응한다.

잡사의 기능은 어떤 사건을 알리고 설명하는 것이 아니라, 매우 광범위한 대중의 숨겨진 본능과 가장 공격적인 충동(프로이트에 따르면 죽음 충동)을 만족시키는 것이다. 미디어적 공개는 관음증을 만족시킨다. 어떤 사건들은 충격 효과를 일으키며, 불행한 광경 앞에서 감정을 유발시키고, 섹스나 피 혹은 죽음 같은 본질적인 요소들과 함께 공포와 환상을 즐기면서 사회적 관음증의 배출구가 되는 것 같다. 마치 옛날에 저잣거리의 허름한 집들, 길거리 싸움이나 공개 처형이 그럴 수 있었던 것과 같다. 스탕달은 범죄 사건 속에서 에너지의 본보기를 발견한다. 사실 범죄는 힘(vertu)과 아무 상관이 없는 'virtu'라는 영웅주의 학파가 될 수 있다. 스탕달은 《라미엘》에서 보여 준 것처럼 《재판 신보》에서 기운을 돋우는 힘을 빌려왔다. 젊은 여성 환자를 치료하기 위해, 의사 상스팽은 그녀에게 《재판 신보》를 정기 구독토록 한다. "범죄들은 그녀의 흥미를 끈다. 그녀는 몇몇 범죄자들이 보여 주는 영혼의 단호함에 민감했다. 2주 안에 라미엘은 극도의 창백함이 감소된 모습을 보였다……." 《르 피카로》지에 실린 '광기의 드라마'라는 제목의 잡사에 영감을 받은 마르셀 프루스트는, 《모작과 잡록》의 〈어떤 부모 살해자의 감정〉에서 그 신문 기사를 읽으면서 느낀 가학적 쾌감을 고백한다. "'신문을 읽다'라고 불리는 이 가증스럽고도 관능적인 행위를 행하라. 지난 24시간 동안 일어난 세계의 모든 불행과 재앙들, 5만 명의 목숨을 앗아간 전쟁들, 범죄들, 파업, 파산, 화재 덕분이다. 독살, 자살, 이혼, 정치가와 배우의 참혹한 연정들은 거기에 관심이 없는 우리에게는 개인적 용도로 변환되어져, 카페오레 몇 모금과 훌륭하게 어울리는 아침 식사 메뉴가 되어 독특한 흥분과 활력을 우리에게 제공한다."(p.227)

범죄자나 희생자 같은 잡사의 주인공인 이름 모를 미지의 개인이 독자의 주의를 끌고 동일화를 유도한다. "잠든 아내의 심장을 찌르도록 정부의 손에 칼을 쥐어 데려온 그 의사가 나였다고 한순간 생각했다……. 내 마음속에는 세상의 모든 죄를 수용하는 성향이 있다. 내 상상력은 그 죄들의 기제를 실현한다”라고 마르셀 주앙도는 《세 가지 관례적 범죄들》에서 쓴다. 잡사를 읽음으로써 실제 세계의 법칙과 규범들이 위반되고, 규칙을 위반하고자 하는 욕망이 초자아에 의해 억압되지 않는 꿈의 공간으로 향하게 된다. “잡사는 인간이 안전함을 느끼지만 동시에 두려워하면서도 벗어나기를 꿈꾸는, 규범적인 세계와의 단절을 의미하는 기호이다”(p.20)라고 조르주 오클레르가 《일상의 마나, 잡사의 구조와 기능》에서 언급한다. 실제 사건들 속에서 상상적인 것을 표현하고, 일상 생활의 사소한 이야기 속에서 욕망을 실현시키면서 잡사는 부정의 작업을 허용한다. 표현이나 생각의 억압된 내용이 부정되고 비난받으면서 의식 속에 유입된다. 독자는 실제로 평온한 의식을 유지하면서 살인에 동참하고, 암살자와 동일화할 수 있다. 왜냐하면 신문 기사의 제목이 먼저 범죄를 단죄하기 때문이다. 그러한 것은 범죄에 대한 찬탄, 위반에 대한 매혹과 동시에 희생자에 대한 동정심·유대감 사이에서 동요하는 대중을 설명해 준다. 이러한 양면성은 정상적인 외관 아래 가장 큰 잔혹성을 감추고 있는 범죄자들에 대해 느끼는 매혹과 혐오의 뒤섞임에서 발견된다. 이렇듯 기괴한 이중성 앞에서, 독자는 신화나 동화에서처럼 가깝고 친근한 감정을 느끼면서 또한 불안한 기묘함을 느낀다.

5) 잡사의 사회학

만약 변함없는 구조를 지닌 잡사가 '원초적인' 상상력을 참
조한 것 같다면, 그것은 또한 역사적 대상으로서 고려되어져
야만 한다. 범죄에 대한 매혹은 사회의 문화적이고 관념적인
변화들을 표현하는 것과 마찬가지로, 사회적이고 역사적인 변
화의 리듬에 맞춰 발전한다. 분석의 형태가 어떠하든지간에 잡
사는 사회학적 관점에서 많은 비평의 대상이 되었다. 잡사의
이야기에서 나타나는 사회적 상상력을 통해 몇몇 이데올로기
들의 확산이나 범죄에 대해 잡사가 미치는 영향력에 관한 문제
가 제기된다. 보수주의적 지식인층에게 있어서, 잡사는 유약하
고 쉽게 영향을 받는다고 여겨지는 일반 대중을 대상으로 함
으로써 불건전한 측면에서의 풍기문란과 타락의 요인이 될 뿐
만 아니라 사회 전복을 유도할 수도 있는 위험이 있다고 생각
된다. 마르크스적 비평에 따르면 잡사는 '대중의 아편,' 마취
제이면서 동시에 사회 통제와 노예화의 수단, 적대감의 도구
로서 인지된다. 《텔레비전에 대하여》[3]에서 피에르 부르디외는
어떻게 잡사를 강조하면서, "시민을 자신의 민주적 권리들을
실행하기 위해 가져야만 하는 적절한 정보들로부터 배제시키
는지"를 보여 준다. 잡사란은 기분을 전환시켜 주면서 사회의

---

3) Liber éditions, 1997.

주요한 문제들을 실수인 듯이 생략한다.

두려움은 미디어들에 의해 폭넓게 이용되고, 미디어는 두려움에서 정보 선택의 근거를 발견한다. 사회적 상상력과 비합리성에 근거한 두려움은 사회의 제어 과정의 한 요소로 여겨질 수 있다. 언뜻 순진해 보이는 잡사에 대한 원근법은 하위 담론을 차지한다. 불쾌감을 주는 사건들, 일반화된 혼란을 증명하는 기사들은 도처에 불안이 지배하고 누구도 위험을 벗어날 수 없으며 역사는 폭력과 무질서의 사슬과 함께한다는 것을 말하는 듯하다. 그것들은 대중의 마음속에 있는 공포를 느끼고 싶은 욕구를 만족시키기 위해 위험을 지속적으로 표현한다. 일상적 폭력의 묘사는 무관심과 공포를 동시에 유발한다. 사실 그것은 여론을 불안하게 할 수 있는데, 그로 인해 권위적인 정치 이데올로기를 찬성하게 될 수도 있다. 범죄 이야기에 범죄 행위의 수긍할 수 없는 진보, 인명과 재산에 대한 불안의 급증, 공권력의 포기를 표명하는 담론들이 부가된다. 잡사는 질서를 강화할 필요성을 확고히 하기 위해 안전수사학에 기초한 경고성 지침서에서 기원을 갖는다. 그것은 소수 집단에 관한 독자들의 두려움을 구체화하고, 외국인과 젊은이들 같은 희생양을 발견하면서 실재에 대한 비합리적인 해석을 하게 할 수 있다. 대중은 비록 범죄와 범죄 행위의 객관적 현실과 불안감 사이에 직접적인 관계가 없다 하더라도 안전에 대한 불안을 몰아낼 수 있다.

미셸 푸코는 《감시와 처벌》에서 근대 서구 처벌 체계의 출현이 어떻게 범죄와 이야기가 유지하는 관계의 문제 제기와 연결되는지를 보여 주고 있다. 영국의 추리 소설과 토머스 드 퀸시[4]나 보들레르의 작품들, 그리고 19세기 추리 소설의 탄생에서, 그는 통속 신문(canards)이나 낱장 신문(feuilles volantes)에서 등장하는 하층 계급의 범죄자를 예찬하는 17,18세기 대중문학과 비교되는 변화를 느낀다. 범죄에 관한 이런 새로운 글쓰기는 지배 계급에게 "받아들여질 수 있는 범죄 행위의 출현"(p.82)을 구성한다. 1840년경, 범죄자와 민중 계급 사이의 단절이 생겨났다. 범죄자는 더 이상 민중적 영웅이 아니라 빈민 계층의 적이었다. 부르주아 계급은 범죄가 더 이상 대중적이 아니라 하나의 예술이 되는 미학을 구성하게 되는데, 이것은 앙드레 브르통에 따르면 "푸른 프록코트를 입은 우아한 암살자, 범죄 관련법 이론가이자 중죄 재판소의 시인"인 피에르-프랑수아 라스네르[5]의 모습에서 영감을 받았다. 그래서 잡사와 범죄문학, 비열한 민중 범죄와 서사적 차원의 대규모 암살 사이의 구별이 지어진다. "거기에 우리가 범죄자에 대해 갖는 인식에 아주 단호한 경계를 부여하기 위해서 긴 계획이 추가된다. 즉 범죄자들을 매우 가까이, 도처에 있으며, 상당히 위험

---

4) 드 퀸시(1785-1859): 영국의 비평가. 에드거 앨런 포와 샤를 보들레르에게 깊은 영향을 끼침. 《순수 예술로서의 살인》. [역주]

5) 라스네르(1880-1836): 프랑스의 유명한 연쇄 살인범. 재판 과정에서 '사회의 채찍'이 되기 위해 살인을 저질렀다고 진술. 유죄 판결 이후에 저술한 그의 《회상록 mémoires》에 영향을 받아 도스토예프스키가 《죄와 벌》을 씀. 1836년 1월 9일에 교수형됨. [역주]

한 것처럼 소개한다. 그것이 바로 언론의 일부를 장악해서 자신만의 신문을 갖기 시작한 잡사의 역할이다. 매일 넘쳐나는 범죄 잡사로 인해 사회를 경비하는 경찰권과 사법권의 통제 전체를 받아들이게 된다. 범죄 잡사는 얼굴 없는 적을 향한 일종의 내적인 전투를 그날그날 이야기한다. 이 전쟁에서 잡사는 경고 혹은 승리로 일간지의 한 면을 채운다"(p.334-335)라고 푸코는 썼다. 반대로, 연재 소설에서 전개되는 범죄 이야기는 일상적이고 친밀한 생활의 범죄 행위와는 거리가 먼 경향이 있다. 그것은 이야기의 생소함을 강조하고, 외젠 쉬[6]의 《파리의 수수께끼》(1842)에서처럼 이국적 배경을 제공하거나, 20세기 초 아르센 뤼팽의 모험을 다룬 모리스 르블랑의 소설에서처럼 '스케일 큰' 범죄 행위를 연출한다.

이 비평들은 그날그날 씌어지는 사소한 이야기들인 잡사들이 개인들끼리뿐만 아니라 도시·공동체·자연 환경과 개인을 연결하는 효과까지 있음을 감추지 말아야 한다. 만약 그것들이 우리의 커뮤니케이션 사회 속에서 대중적 정보에 속한다면, 그것들은 또한 날짜가 있는 장소에 포함된다. 미셸 마페솔리에 따르면, 잡사는 사람들을 서로 만나고 공감하게 하는 사회적

---

6) 쉬(1804-1857): 1842-1843년에 《*Le Journal des débats*》지에 《파리의 수수께끼》를, 1844-1845년에 《*Le Constitutionnel*》지에 《방황하는 유대인》을 발표하여 당대 프랑스 사회의 부패와 허위를 묘사함. 《파리의 수수께끼》에 등장하는 '로돌프(Rodolphe)'로 범죄 소설의 전형적인 탐정상을 확립.[역주]

결집의 한 형태이다. "잡사가 사건이 되고 이미지가 되고 난 후, 여론의 계기와 소그룹의 해설이 될 때 잡사는 그렇게 된다."[7] 예전의 일치감과 커뮤니케이션의 관습을 잃은 후 독자들은 대중 신문들 속에서 단절·폭력·죽음과 연결된 갈등을 초월할 수 있는 가능성을 발견한다. 베르나르-마리 콜테스의 《로베르토 쥬코》의 연출을 한 피터 슈타인은 어떻게 범죄 행위가 우리 사회의 구조 속에서 하나의 역할을 담당하는지를 보여 준다. 경험을 갈구하는 대중은 자신을 위험 속에 처하게 하면서 참여하고 싶어한다. "베를린과 동시에 카메룬에서 모든 것은 공개되고 말해지며, 미디어로 전파되고 퍼질 수 있게 된다. 우리는 잡사들을 세계적으로 연결할 수 있다. 전쟁은 당분간 적어도 서구에서는 일어나지 않을 것이다. 그래서 조직된 폭력이 부족한 개인은 항상 범죄 행위에 참여하고픈 욕망을 ——태도를—— 느낀다. 우리가 참여하도록 거의 부추기고 있다."[8] 현대 신문 속에서 잡사란의 승격은 개인적 상상력의 빈곤과 연결되고, 볼거리의 사회가 전파한 상투적인 집단 환상에 종속될 것이다.

---

7) 《잡사 *Faits divers*》의 〈부족 응집력의 한 형태 Une forme d'agrégation tribale〉, p.91.

8) 《콜테스 *Koltès*》, Alternatives théâtrales, 1990, p.53.

2. 잡사의 계보

"내게 있어, 푸리아니는 '프랑스 앵테르' 방송에서의 필리프 메이예[9]에 관한 추억이다. 그는 다음날 그 비극에 관한 묘사를 읽고(복잡한 구조, 희생자들의 불안한 탐색, 부상자들의 고함, 가족들의 고통……), 결국 《타키투스 연대기》에서 그 텍스트를 인용하였다는 것을 밝힌다. 2천 년 전에 같은 일이 있었다"라고 다니엘 페낙이 말했다.(《텔레라마》, 1992년 12월 30일자) 갖가지 사건들, 결혼 알림, 부고, 군대 소식들을 발간했던 카이사르가 만들어 낸 매일의 기록들인 《일보》처럼 실제 사건을 말하는 고대 이야기에 비추어 보면 잡사는 역사적이고 문화적인 긴 전통을 지닌 것 같다. 현대 잡사의 기원은 16세기부터 시작된 행상문학(littérature de colportage)[10]에 의해 전파된 모험 소설로 거슬러 올라가는 것이 적절할 것이다. 사실 행상인들이 전파한 이러한 대중 작품들 속에서 암살, 사형, 기적, 기괴한 사건들의 이야기가 공식적인 역사 바깥에 있는 일종의 반–역사를 구성하고 있는 것이다.

---

9) 메이예: 프랑스 사회학자. 저널리스트. 〔역주〕
10) 16세기에서 19세기까지 행상들이 판매한 대중문학 서적. 〔역주〕

1) 행상문학

잡사의 역사는 행상문학과 불가분의 관계에 있는데, 행상문
학은 합법적 문화와 구전 전통 사이에서 르네상스 시대부터 19
세기까지 번영하였다. 16세기에서 17세기까지, 시사를 알고자
하는 욕망과 인쇄술의 발전으로 인해 '임시판'이라고 불리는
삽화가 있는 인쇄물의 판매가 상당했다. 18세기에 행상문학은
'낱장 신문(feuilles volantes)' '손으로 만든 소식(nouvelles à la
main)'으로 연계되어 카르투쉬나 망드랭 같은 도적의 우두머
리의 일생을 소설화하여 발행했다. 이 사회적 망나니들은 대중
의 상상력을 열광시켰는데, 이는 그들의 기사적이고 영웅적인
모습이 대중의 동정을 얻었을 뿐만 아니라, 그들이 대중의 항
의의 표현을 개인적 위반의 차원과 결합하였기 때문이기도 하
다. 이 전기물은 7월 왕정과 제2제정 시대의 대중 소설을 예고
한다. 19세기 행상문학은 왕정 복고 이후에는 '통속 신문(ca-
nards)'이라고 불리는 시사적 소책자로 특징지어진다. 이 '통속
신문'은 일반적으로 두 부분으로 되어 있다. 첫번째는 궁금한
소식, 기이한 사건, 역사적인 인물이나 큰 사건, 특히 범죄들
을 익명의 목소리를 통해 말하는 '객관적' 이야기이다. 두번째
는 범죄자의 '애가'이다.

통속 신문은 대도시 일상의 일부분이 되면서, 행인의 호기심
을 끌기 위해서 눈길을 끄는 제목과 삽화가 있는 단순한 지면

으로 소개된다. 같은 사건을 다루는 신문이나 책들에 비하여
통속 신문은 세부 사항의 강조와 과장된 담론을 통해 사건들
을 확대시킨다. "질투로 인해 폴란드 여인에게 일어난 끔찍한
범죄에 관한 세부 묘사," "수도 근처의 예쁘고 아담한 오두막
집에서 벌어진 끔찍한 범죄에 관한 정확한 세부 묘사." 발자크
의《잃어버린 환상》(1837-1843)에서 엑토르는 뤼시앵 드 뤼방
프레에게 통속 신문에 관한 허구적이고 거짓된 측면을 강조하
는 정의를 다음과 같이 말하였다. "진실인 것 같지만,《파리-
사건들》이 진부해질 때 흥미를 돋우기 위해 창조해 낸 사건."
(p.355) 그는 벤저민 프랭클린의 예를 인용하였는데, 프랭클린
은 해외 토픽 기사들, 예를 들어 "더 많은 돈을 받으려고 임신
을 시킨 뒤에 흑인 여자를 판 한 영국인"에 관한 이야기로 프
랑스 지식인들을 속였다.《파리의 악마》(1844)에서, 제라르 드
네르발은 '낭만적인 통속 신문'을 이렇게 묘사하였다. "통속
신문은 가끔 진실하고, 항상 과장되며, 흔히는 거짓인 뉴스이
다. 그것은 때로 촌스런 스타일의 목판화 삽화가 그려진 끔찍
한 살인 사건의 세부 묘사들이다. 예를 들어 어떤 재앙이나 기
이한 현상, 놀라운 모험이다. 우리는 5상팀을 지불하고, 그리
고 사기당한다." 그리고 늑대 인간이나 금니를 갖고 태어난 아
이, 해골 여인, 특히 "마르코 폴로의 여행과 중세 시대 이후 잊
혀진 커다란 바다뱀"(p.857) 같은 흔히 쓰이는 몇몇 예를 인용
한다.

　애가는 엉성한 운문으로 씌어진 실제 비극의 세부 이야기이

다. 대개 뤼알데스(1817년에 암살된 사법관)의 애가처럼 단조롭고 호소조의 곡조로 이러한 시를 노래하면서, 행상인들은 공포스런 이야기들의 제목들을 외치면서 대중들을 선동하고 잡사들의 다양한 에피소드들을 그림으로 그려서 보여 주었다. 빅토르 위고의 《어느 사형수의 마지막 날》에서, 화자는 자신의 감방에서 15세의 소녀가 은어('그로테스크하면서 피가 난무하는 은어')로 부르는 '끔찍한 애가'를 들었다. 끔찍한 중죄를 저지른 범죄자에게 정당한 벌을 요구하는 애가는 심리적 혹은 사회적 원인들을 간략하게 언급함으로써 그의 행위를 상대화하는 경향이 있다. 범죄자는 1인칭 사용을 통해 범행을 시인할 뿐만 아니라, 자신의 태도를 설명하고 처형이 임박해짐에 따라 공포와 동정을 호소한다. 1811년에 멜랭의 광장에서 참수된 19세의 부모 살해자인 여자의 애가는 이러한 도덕적 차원을 드러낸다. "나는 알죠, 예민한 심장들, 당신들은 떨고 있군요/그리고 나의 모습은 공포를 불러일으키죠/그래요, 나의 죄, 나의 범죄는 끔찍합니다/그리고 나는 하늘의 가혹함을 받아 마땅합니다/안심하세요, 나의 형벌은 준비되었다오." 양면성을 지닌 애가는 죄인의 불명예만큼이나 명예를 의미하기 위해 죄인의 죽음을 찬양한다. 그것은 기억과 동시에 저주를 기원하고, 도덕적으로 반성하고자 하는 염려를 유지하면서 인류의 역사적 시간 속에 행위를 기록한다. 20세기초에 애가는 진실성이 부족한 '환상'으로 여겨지면서 점차 사라진다. 더 일반적으로 5상팀짜리 대중 신문의 발달로 인해 이러한 행상 신문의 간행

ARRÊT
DE LA COUR D'ASSISES DE CAEN,

Du 5 Décembre 1836,

QUI CONDAMNE A LA PEINE DE MORT

Le nommé Pierre RIVIERE âgé de 20 ans,

Atteint et convaincu d'avoir assassiné sa mère étant enceinte, sa sœur âgée de 18 ans, son frère âgé de 11 ans, et son autre frère âgé de 7 ans.

Il a été exécuté le 15 février 1837.

DETAILS.

Vainement l'œil curieux du lecteur chercherait à trouver dans les annales de la justice un crime aussi affreux que celui qui vient d'être commis par Pierre Rivière, né à la Fouquetrie, commune d'Aunay, département du Calvados, arrondissement de Vire. Ce monstre, indigne du nom d'homme, était âgé de 20 ans, et devait satisfaire au tirage prochain. Le mercredi 3 juin, prêt à partir le matin pour aller labourer, il dit à son père qu'il ne pouvait s'y rendre qu'à midi et le laissa partir seul. Depuis long-temps le père vivait en désunion avec sa femme qui demeurait seule dans une propriété dépendant de son bien, et distante d'un quart de lieu de l'habitation de son mari. Huit jours avant le crime, ils allèrent d'un commun accord, demander une séparation civile de corps et de biens. La femme repondit au magistrat qui cherchait, par ses conseils, à rétablir l'union dans leur ménage, que depuis long-temps elle n'avait plus d'amitié pour son mari, et que l'enfant qu'elle portait n'était pas de lui. Néanmoins elle revint au domicile conjugal et fit revenir avec elle ses enfants, savoir : une fille de 18 ans, un garçon de 11 et l'autre de 7. Le mercredi 3 octobre, après avoir, comme le

lecteur l'a vu, déclaré qu'il n'irait point au travail des champs, resté seul avec sa mère et sa sœur,
Pierre Rivière, poussé par un génie infernal, saisit un couperet dont on se sert pour émonder les arbres,
et le monstre s'élança sur sa mère qui allumait du feu, la frappa cruellement sur la tête et l'étendit
morte à ses pieds; aussitôt il se jeta sur sa sœur et la traita de la même manière que sa mère. Leurs
cadavres palpitaient encore lorsque son jeune frère sortant de l'école fut arrêté par un fermier du
voisinage qui lui demande pourquoi il courait si vite. Je vais, lui dit l'enfant, pour dîner. Le fermier
qui le connaissait voulut à toute force le retenir pour manger; mais sa destinée malheureuse devait
s'accomplir. Il refuse donc les offres qui lui sont faites et arrive à la maison. Son frère se précipite
sur lui avec la rapidité de l'éclair, le frappe d'un coup sur la tête qu'il sépare presque totalement.
Le matin de l'assassinat, sa mère lui demanda quel était son dessein. Vous le saurez ce soir, répondit
le scélérat.

Rivière, après avoir commis le crime, a pris la fuite croyant se soustraire à la justice.

Le 4 octobre 1836, l'on vit silencieusement s'avancer le cortége funèbre à travers une foule
d'habitans. L'horreur était peinte sur les visages.

Le vénérable pasteur prononça en pleurant, les prières des morts, et la terre recouvrit pour toujours
les quatre victimes.

COMPLAINTE A CE SUJET.

Air : *du chien fidèle.*

Si dans les fastes de mémoire
L'on inscrit des guerriers fameux,
De quelques brigands dans l'histoire,
On conserve les noms affreux;
Celui du jeune Pierre Rivière,
Dont je vais vous tracer les forfaits,
En horreur à la terre entière,
Y figurera pour jamais.

A peine à sa vingtième année,
De sa mère il trancha les jours
Et de sa sœur infortunée
De la vie arrêta le cours.
Sa pauvre mère était enceinte
Quand il commit l'assassinat.
En entendant cette complainte,
Chacun d'entre vous frémira.

Demain pour le labourage,
Rivière refuse de partir;
Son père fut seul à l'ouvrage,
Hélas! qu'il dût s'en repentir.
Resté seul avec sa famille,
Il saisit le fatal couteau;
Bientôt dans ses mains l'acier brille,
Et de sa mère il est le bourreau.

Les victimes respirent encore,
Lorsque, poussé par son malheur,
Son frère, à peine à son aurore,
Vient au devant du malfaiteur;
Armé de la hache meurtrière,
Bientôt il l'étend à ses pieds
Grand Dieu! toi qui créas la terre,
Tu puniras le meurtrier.

Permis de vendre et distribuer.

Prix : 2 sous.

Château-Thierry, -- Imp de A. LAURENT.

피에르 리비에르 사건에 관한 낱장 신문. 재판소 체포장을 복사한 게 시문에 애가가 같이 붙어 있다.

은 사라지게 되었다.

2) 19세기 신문의 비상

루이 13세의 의사인 테오프라스트 르노도는 1631년에 최초의 정기 간행물 《라 가제트》를 만들었다. 그에게 있어서 저널리즘이란 사실을 보도하는 것이었다. "역사는 일어난 사실들의 이야기이다. 신문은 단지 떠도는 소문이다. 전자는 진실을 말해야 한다. 후자는 만약 거짓말을 하지 않는다면 아주 잘하고 있는 것이다." 발행 부수가 많은 특별판들은 때때로 센세이션한 잡사들에 치중되곤 했다. 19세기의 초·중기에 프랑스에서 신문은 경이로운 진보를 이루어냈다. 제한된 교양 있는 대중에게만 한정된, 드물고 비싼 산물이었던 신문이 사회의 모든 계층의 사람들이 접할 수 있게 변했다. 심지어 범죄 이야기는 민중을 점차적으로 문자 교육과 독서에 접근하게 하는 문화 혁명의 특권적 도구들 중의 하나인 것처럼 보인다.

19세기에 잡사를 창조한 것은 바로 주요 일간지이다. 통속 신문의 성공에 영향을 받아 일간지는 점점 더 잡사들을, 특히 대중을 현혹시키는 범죄 잡사들을 다루었다. 신문의 연재 소설, 잡사의 이야기들, 그리고 교훈조의 여러 가지 기사들은 멜로드라마적 혹은 과장적 수사학과 문체를 유지하면서 통속 신문과 행상문학의 테마를 존속시킨다. 시사 뉴스에 '통속 신문적'인 방식을 적용해서 삽화가 그려진 잡사들을 다룬 주간지가 창간된다. 처음으로 '잡사'라는 어휘가 등장한 것은 1863년, M. 밀로가 창설한 1수(sou)짜리 최초의 대중 일간지 《르 프티 주르날》에서이다. 그 어휘는 '신기하거나 특이한 소식들'이라는 표현을 대신한다. 시사성을 중시하고 보급망에 의존하는 일간지는, 에밀 졸라의 표현에 따르면 "그때까지 자신들의 신문을 갖지 못했던 가난하고 배우지 못한 사람들의 거대한 집단"에 접촉한다.(〈파리의 신문〉, 《유럽의 메신저》, 1877년 8월) 《르 프티 주르날》은 연재 소설과 잡사의 글쓰기 기법을 이용해서 대중 문화에 강하게 영향을 미친다. 일간지에서 연재 소설은 퐁송 뒤 테라이[11]의 《파리의 드라마들》 같은 여러 번의 반전이 있는 모험 소설이나, 가보리오[12]의 《르루즈 사건》 같은 수수께끼와 수사에 기초한 추리 혹은 법정 소설의 형태로 나타난다. 이 두 가지 형태의 이야기는 실제 세계와 잡사란에서 사건들을 빌려오는 상상 세계를 드러낸다. "당신의 체계는 인간의 어리석음의 요구에 아주 훌륭하게 들어맞습니다. 프랑스에는 당신을 좋아하는 50만 명의 독자가 있습니다"라고 밀로가 가보리오에게 시니컬하게 말했다.

---

11) 테라이(1829-1871): '로캉볼(Rocambole)'을 주인공으로 하는 일련의 추리 소설 시리즈를 신문의 연재 소설로 발표한 프랑스 현대 문학 작가. [역주]

12) 가보리오(1832-1873): 《르루즈 사건》을 연재함으로써 세계 최초로 장편 형식의 추리 소설을 창시. '르코크(Lecoq)'라는 유명한 탐정을 창조. [역주]

1869년 트로프만 사건은 대중 신문 속에서 잡사의 시대를 열었다. 트로프만은 팡탱에서 킨크 가(家)의 부모와 여섯 명의 아이들을 살해했다. 《르 프티 주르날》의 '일면'을 장식한 연재 소설적 문체의 이 잡사는 신문의 발행 부수를 35만 부에서 약 60만 부로 올렸다. 죄인의 사형으로 종결된 이 사건은 주요 신문들에게 있어 실제 사건에 관심을 갖게 되는 계기가 되었다. 그 사건은 '트로프만, 나폴레옹 1세, 파파브완느의 격렬한 저항(…)'이라고 언급되면서 로트레아몽의 《시편들》에서도 인용되었다. 1860년대말, 연재 소설은 신문의 발행 부수를 늘게 하는 경이롭고 흔히는 피가 난무하는 사건들인 잡사들에 의해 밀려나는 경향이었다. 이 소설화된 기사는 소설보다 더 우위인 것처럼 인지되는데, 왜냐하면 그 기사는 진실을 담보로 하고 있기 때문이다. "기사는 연재 소설을 능가하는데, 진짜 피와 열정을 지니고 있어서 더 풍요롭다. 그래서 그 주인공들이 《상류 사회 인명록》《전화번호부》혹은 《파리의 쾌락》에서 등장한다"라고 클로드 아블린이 1947년 《U선의 정기권 이용자》에서 쓰고 있다. 잡사는 기사의 신속성, '최후의 순간'이란 측면을 내세우는 반면, 연재 소설은 실재에 관한 현실성과 깊이가 부족하다. 20세기 잡사에 대한 열광은 계속된다. 1928년 창간된 잡사용 주간지 《탐정》은 디렉터 겸 편집장 조제프 케셀 주위로 장 콕토·피에르 막 오르랑·알베르 롱드르 같은 협력자들을 모이게 했다. "당신들, 독자들을 위해, 그는 감시하고 범죄자의 흔적과 경찰의 여정을 쫓을 것이다. 때론 고무창

'지붕에서 떨어진 강도.' 《르 프티 주르날》의 삽화 부록, 1899년 5월 14일자, ⓒ Jean Vigne.

이 달린 운동화를, 때론 무도화를 신을 것이다……. 필요한 경우에는 비밀 장치를 부서트리기 위해 용접기를 사용할 것이다" 라고 케셀은 예고한다. 시몬 드 보부아르는 1930년대 사르트르와 했던 생활을 언급하면서, 그것이 전파한 반(反)순응주의적 세계관으로 인해 잡사에 지대한 관심을 보였음을 증명한다. "나는 경찰과 보수주의자를 거리낌없이 비난했던 《탐정》을 자주 사곤 했다. 신경증과 정신병 같은 극단적인 경우들이 우리의 관심을 끈다. 우리는 거기서 모두가 정상이라 부르는 사람들의 정열과 태도들이 놀랍게 부각되어 과장되고 정화된 것을 발견했다. 그것들은 또 다른 방식으로 우리에게 영향을 미쳤다. 모든 혼란이 우리의 무정부주의를 만족시켰다. 기괴함이 우리를 유혹했다."[13]

3) 19세기 범죄 문화

왕정 복고와 7월 왕정 시대에 최하층 사람들을 위한 원시적 이미지와 이국적 매력이 결합된 범죄는 대중적 작품 속에서처럼 합법적 문학 속에서도 필요 불가결하다. 흔히는 불가사의한 범죄 잡사에 대한 매혹은 대도시의 가속화된 도시화와 연결되어서, 중죄 재판소에서 작성한 판결문과 사법적 설명문에서 인

---

13) 《시대의 힘 *La Force de l'âge*》, 1960, p.135.

용해 온 이야기들에 대한 관심으로 나타난다. 그 이야기들은 행상인이나 통속 신문들에 의해 판매되는 임시 간행물의 대상이 된다. 1825년에 창간된 《재판 신보》, 그리고 1839년의 《공판》은 19세기 대중적 낭만주의 작가들, 폴 페발 같은 연재 소설 작가들에게 있어 중요한 소재를 제공할 것이다. "《재판 신보》는 우리 시대의 요구에 부응한다. 우리는 범죄에 열광한다"라고 《검은 옷》의 작가는 단언한다. 미셸 푸코에 따르면, 권력의 전략은 구경거리로서의 형벌(다미앵의 처형)에서 처벌받는다는 확신으로의 이행으로 변화한다. 이러한 변화는 재판 과정 그 자체(법정 심리, 판결)에 부여된 공개성의 중요성을 설명해 준다. 형법 체계의 표현 속에서, 이야기는 육체를 대신하는 경향이 있다.

　1889년의 구페 사건은 범죄 주변에서 펼쳐지는 특이한 문화를 폭로한다. 품행이 나빴던 구페라는 파리에 사는 수위가 미셸 에이로와 가브리엘 봉파르라는 사기꾼 커플에게 목이 졸려 죽었는데, 그의 애인이었던 가브리엘이 직접 자신의 실내복 허리끈으로 그의 목을 감았다. 그 사기꾼들은 붉은색 가방에 시체를 쑤셔넣어 밀레리까지 자동차로 옮겨 숲 속에다 가방을 버렸다. 피 묻은 가방을 가지고 벌이는 우스꽝스러운 짓과 비극 사이에서, 이 잡사는 대중의 불건전한 호기심을 불러일으켰다. 그러한 호기심은 '구페 사건'이라고 씌어 있는 기발한 자그마한 가방이 판매되고, 범죄가 일어난 아파트를 돈을 내고 구경한다든지, 감옥에 있는 가브리엘에게 청혼을 하고, 애가가 성공을 하는 등의 현상을 통해서 드러난다("그가 아름다운 그녀를 누르는 동안/가브리엘 봉파르/또 다른 그가 줄을 맨다/가 브리엘 가브리엘!"). 그 사건은 또한 범죄의 광기와 사회적 건강에 관한 심리적·의학적·인류학적 담론을 유발시켰다. 피에르 다르몽[14]에 따르면, 이러한 '실증주의적 열기'는 졸라와 같은 작가들만큼이나 이탈리아인 롬브로소 같은 범죄학자들을 매혹시켰다. 롬브로소에게 있어 그 여자 죄인은 "인류학적인 면에서 그녀의 공범자보다 유기적으로 더 범죄적이다." 그리고 졸라는 "가브리엘은 분명히 비정상적인 하나의 전형이다. (…) 모든 것이 그녀가 감각적 쾌락에 아주 현혹된다는 것을 증명해 준다. 그녀는 열정적인 히스테리 환자이고, 병자이며, 퇴폐적이다."(《에스타페트》, 1891년 12월 13일자)

바로 이렇게 19세기의 문학계는 잡사와 범죄 문화에 점점 더 큰 관심을 나타낸다. 낭만주의 시대의 가장 풍성한 장르인 멜로드라마는 전형적인 등장 인물(선인/악인)과 상황(부유했던 과거/퇴락한 현재, 사생아/적자)을 가지고 범죄 통속극을 지배한다. 그것은 강도를 주인공의 반열에 올리고(《아드레의 여관》, 1823) 은행가나 저널리스트의 모습으로 근대 사회의 내부로 숨은 무법자, 로베르 마케르의 모습을 찬양한다. 연재 소설은 사회의 추리 소설적 연출(감시, 정탐, 범죄)을 참고한다. 연재 소

---

14) 《20세기초의 의사와 암살자 *Médecins et assassins à la Belle Époque*》, Seuil, 1989.

설은 멜로드라마에 서술적 측면을 전달하고, 대신에 멜로드라마의 연극적이고 과장된 측면을 받아들인다. 제2제정 시대의 후기 10년 동안 그러한 경향은 처벌받지 않는 범죄, 오심(誤審), 복수, 사람 추적 같은 테마들을 활용하는 범죄·추리문학의 발전과 함께 견고해진다. 퐁송 뒤 테라이의 《파리의 드라마들》(1884)이라는 장편 로맨틱 사가(saga)[15]에서, 굉장한 능력을 부여받은 사악한 학대자 로캉볼이라는 새로운 인물이 탄생된다. 유령과 슈퍼맨의 선구자인 그 인물은 로트레아몽에게 영감을 준 인물들 중 하나이다. 범죄 잡사는 가보리오의 '법정' 소설들의 핵심이다. 이 소설들은 18세기 행상문학에 고유한 카르투쉬나 망드랭 같은 유명한 강도들의 전기와 영국식 고딕 소설의 영향을 강하게 받았다. 나중에 '추리' 소설이라 규정되는 가보리오의 소설들은 허구화된 잡사와 닮아 있다. 문체, 관점과 이념들을 희생시켜 실재에 집착하고자 하는 욕망과 기이한 것의 거부를 통해 사실다움을 추구하는 점과 생략하는 경향에서 그러한 면모가 드러난다. 포르트 이탈리아 구역에서 목이 베인 셀레스틴 르루즈 암살 사건인 《르루즈 사건》(1866)에서 경찰청 수사관 타바레가 조사를 했는데, 그 사건은 실제 잡사에 관한 탐방 기사를 기원으로 하고 있다. 연재 소설은 변화를 거친 후에 특히 그 평범성으로 대중적이 될 것이다.

20세기초에는 범죄 이야기들이 새로운 소재와 어조를 통해

---

15) 중세 스칸디나비아 문학의 전설 영웅담.〔역주〕

풍성해졌다. 모든 빛나는 신화는 황금머리[16]와 건달들, 식인귀 베버, 과부 스테넬, 쥘 보노와 첫번째 자동차 강도들 같은 범죄자들과 범죄 주변에서 발전되거나, 혹은 아르센 뤼팽(1905) · 룰르타비유(1907)[17] · 팡토마스(1911)[18] 시리즈들과 함께 발전된다. 아방가르드 시인들은 이 범죄사가들에 매혹된다. 공상 대중 소설과 추리 모험 소설 애호가인 막스 자코브와 한때 잡사를 직접 보도했던 아폴리네르는 1914년에 팡토마스 애호가 모임을 만들었다. 여전히 범죄 사건은 소설화된 잡사들과 '예전과 오늘날의 강도들' '유명한 동기' 유형의 전집 속에서 문학적 재현을 발견한다. 1896년부터 그랑-기뇰 극단은 극의 원동력으로 공포를 이용하면서 극단적인 상황을 활용한다. 예를 들어 황산 끼얹기, 강간, 교살, 참수, (안구, 편도선) 떼어내기, 환각과 히스테리 상태의 범죄들은 대중들을 현혹시킨다.

---

16) 20세기초에 파리의 두 건달패가 쟁탈전을 벌였던 한 창부의 별명. [역주]

17) **Rouletabille**: 추리 소설 작가인 가스통 르루(Gaston Leroux)의 소설들에 나오는 주인공. [역주]

18) **Fantômas**: 알랭(Marcel Alain, 1885-1969)과 수베스트르(Pierre Souvestre, 1874-1914)에 의해 1911년에 시작된 일련의 공포 소설들에 나오는 주인공으로 절대 붙잡히지 않는 범죄자. [역주]

4) 오늘날의 잡사

오늘날 잡사는 비록 신문 내부에서 그것의 자리가 유동적이라 할지라도 빈번히 신문의 일면에 자리한다. 전국지에서, 잡사는 '프랑스' 면(《리베라시옹》), '사회' 면(《르 몽드》), 혹은 '생활' 면(《르 피가로》)에 있다. 이 성찰적 매체들은 잡사를 간접적인 문체로 간격을 유지하며 보도하고, 범죄와 범법을 좋아하는 교양 있는 대중의 기대에 부응하면서 전체적인 경향이나 변화를 거리를 두고 밝히기 위해 잡사를 사용한다. 지방지에서, 잡사는 지역면 혹은 일반 정보면에서 다뤄질 수 있다. 동일한 지리적 공동체에 속하는 지방지의 독자는 근접성과 철저함을 요구한다. 잡사를 다루는 데 있어서 《프랑스-디망쉬》《프랑스-스와》《르 파리지엥 리베레》 같은 전국지, 《RTL》이나 《유럽 1》 같은 라디오는 오성보다는 감성을, 깊이 있는 성찰보다는 극적인 과장을 더 우선시한다. 같은 날 발행된 서로 다른 두 신문이 같은 사건(소아성애도착자 교사의 체포)에 대해 하는 이야기를 비교해 봄으로써 '말하는 이야기'의 다양성을 볼 수 있다. 《파리지엥》의 일면(1997년 5월 11일자, 토요일, 일요일)은 특이한 대조를 바탕으로 한 충격적인 제목("존경스러운 교사는 소아성애도착자였다")과 아이들에게 둘러싸인 교사를 표현한 모방 사진을 통해 그 이야기를 노골적으로 소개한다. 《리베라시옹》의 '일면'은 반대로 제목("코스네—쉬르—르와르의 폭행

당한 유년기")과 불안을 일으키는 아이 의사(擬似) 그림을 통해 그 사건을 추상화·보편화하는 것으로 방향을 잡았다. 학대받는 유아 문제가 그 특이한 사건보다 더 중시되었다.

　20세기 후반에 '잡사'라는 표현은 경멸적인 의미를 내포하게 되었다. 이미 세기초에 알프레드 자리는 잡사를 '정보의 푼돈' '저널리즘의 제3계급'이라고 말했다. 사실 고급 정보와 하찮은 삼면 기사와 같은 저속하고 무시할 만한 정보의 구별이 생긴다. 사건의 중요성을 최소화하기 위해 우리는 그것을 '상스러운 잡사'라고 부른다.

II

잡사에서 문학으로

메를로퐁티는 《기호》(Gallimard, 1960)에서 잡사를 그가 목격했던 자살 기도와 신문에서 읽히는 드라마, 그리고 스탕달의 '사소한 진짜 사건들'이라고 규정한다. 이러한 혼란은 두 장르 사이의 뒤얽힘을 보여 준다. 잡사가 현실에서 신문의 용법으로부터 분리되면, 문학의 영역에서 자리를 발견한다는 사실을 어떻게 설명할 수 있는가? 아마도 순수한 잡사는 텍스트를 (신문 기사, 재판 시평, 전기) 야기한다는 생각에서부터 출발해야만 할 것이다! 잡사의 기사와 단편, 연극, 추리 소설 같은 문학 장르 사이에 존재하는 어떤 주제적·구조적 유사성이 문학적 허구 속에 실용적 글쓰기의 통합을 가능하게 한다. 제라르 주네트[1]가 사용한 '통텍스트성(transtextualité)'의 개념은, 다시 말해 한 텍스트를 다른 텍스트와 명백하게 혹은 은밀하게 관련짓게 하는 모든 것은, 문학 텍스트와 잡사 텍스트 사이에 맺어지는 대화와 교환의 속성을 이해하게 할 것이다.

---

1) 《팔랭프세스트 *Palimpsestes*》, Le Seuil, 1982.

1. 일부 문학 장르와 잡사의 유사성

1) 추리 소설

주제적 유사점과 구조적 차이점

연재 소설과 추리 소설과 잡사는 역사적·사회학적 연관성을 갖는다. 19세기 후반에 있었던 잡사란과 연재 소설 사이의 상호 침투는 《르 프티 주르날》의 기자 에밀 가보리오의 작품으로 상징된다. "가장 주목할 것은 그가 두 가지 글쓰기 방식, 즉 기자의 방식과 소설가의 방식을 성공적으로 결합하는 것이 아니라, 그가 아무 충돌 없이 하나에서 다른 것으로 이행한다는 데에 있다. 왜냐하면 그 방식들은 밀접하게 연결되어 있기 때문이다. 즉 잡사에서 수사·미스터리 이야기로 이행하면서 동일한 생산 전략과 마찬가지로 동일한 주제, 동일한 어조(긴장과 무동기의 혼합)를 유지한다"라고 자크 뒤부아가 《추리 소설과 근대성》[2]에서 썼다. 세 종류의 서술 장르는 암살자·희생자·조사관 같은 등장 인물을 등장시키면서 경찰과 법원의 실제 세계 속에서 주제와 소재를 찾는다. 기본적인 요소는 공포

---

2) **Nathan**, 1992, p.17.

나 두려움 같은 독서 효과와 수수께끼나 비밀에 관한 주제를 지닌 범죄(살인 · 강간 · 협박 · 납치 · 유혈 범죄 등)이다. 《소설의 힘》에서 로제 카이유아는 범죄자와 주변인에 대한 매혹이 얼마나 소설적인 속성에 속하는지를 보여 준다. 글쓰기의 측면에서, 예를 들어 세부에 대한, 사소한 실제 사건에 대한, 창작효과를 생산할 목적인 시각적이고 서술적인 묘사에 대한 걱정이나 제목에 부여된 중요성 같은 몇몇 유사성이 나타난다.

잡사와 연재 소설은 둘 다 수수께끼 같은 허구의 차원과 수사라는 현실의 차원에서 실재와 상상 사이의 혼란을 다루는 것 같다. 하나의 신문에서, 티모테 트림의 기사('경범 재판소에서의 저항할 수 없는 정념') 같은 연재 소설적이고 '기상천외한' 현실에서 연재 소설로, 혹은 인도의 암살 종파인 터그교에 관한 소설화된 기사로, 또는 역사적 사실인 것 같은 인상을 주는 '초인' 로캉볼의 모험으로 이행한다. 기사와 허구의 변별성은 모호해진다. 미스터리 이야기, 에드거 포의 《마리 로제의 수수께끼》는 에필로그에서 나타낸 것처럼 작가와 탐정 사이의, 실재와 허구 사이의, 문학 장르와 저널적 장르 사이의 경계를 흐리게 한다. "포의 기사는 그 말들로 끝이 났다(…)."

서술 구조의 측면에서 한편으로 연재 소설과 잡사의 기사 사이에는, 또 다른 한편으로 추리 소설과 연재 소설 사이에는 큰 차이가 존재한다. 사실 연재 소설은 유혈 낭자한 잡사들을 전개하고, 잡사들의 대리물을 연이어 되풀이하는 범죄와 수사의 줄거리를 쫓는다. 반면에 잡사는 사건들의 연대순을 따르는 선적인 구조를 나타내고, 추리 소설은 반대 방향으로 작용한다. 기호적 구조에 기초한 범죄 이야기는 수사 이야기 속에 흡수되어 사라지고, 묘사는 회상으로 치우치며, 조사관이나 경찰·기자의 모습이 범죄자의 모습을 대신한다. 범죄 사건의 이해에 영향을 미치는 이러한 변화는 추리 소설을 한 장르로 탄생하게 한다. 경찰이 된 범죄자 이야기인 비도크[3]의 《회상록》(1828)에서 수사에 우위를 두는 것은 대중의 관심이 범죄자에서 수사관으로 이동되었다는 점을 보여 준다.

　한 시대의 상상력을 대변하는 연재 소설의 미학은 거리두기나 중재 없이 직접적으로 사건들을 보게 하고자 애쓴다. 문체, 전형화된 이미지, 감정적 묘사, 극적인 상황들은 어떻게 연재 소설이 간결함과 서사적 일관성을 추구하는 추리 소설과는 달리, 사건과 서정적 토로와 줄거리의 파격적인 성격을 더 중시하는지를 보여 준다. 보다 논리적인 추리 소설은 신문의 매일 발행과 삽화 연재 소설적 구성을 받아들이기가 힘들었다.

추리 이야기에의 잡사의 통합

　추리 소설 속에서 잡사의 존재는 텍스트의 구조에서 그것이 실행하는 정보 제공적 기능으로 설명된다. 오귀스트 뒤팽과 화

---

3) 비도크(1775-1857): 프랑스의 유명한 탐정. 원래는 범죄자였으나 경찰의 정보원을 하다가 경찰이 됨. 최초의 사립 탐정.〔역주〕

자가 모르그 가(街)의 이중 범죄에 대한 대화를 시작한 것은 바로 《재판 신보》의 석간판을 읽으면서이다. 만약 많은 추리 소설들이 그 구조 속에 잡사를 통합한다면, 그것은 잡사가 서술의 측면에서 이점을 지니기 때문이다. 사실 조사관과 증인 서술자가 살인을 목격하지 않았음에도 경찰 조사의 최초 조서와 범죄를 간단하고 효과적으로 제시하고, 여러 가지 수집된 상황 증거와 증언들을 묘사한다. 기사 뒤팽(포), 셜록 홈스(코난 도일), '잡사 담당부의 특파원' 룰르타비유(가스통 르루), 경위 메그레(시므농[4]), 정보원이자 조수로 이용한 《황혼》의 기자 마르크 코베트의 도움을 받은 네스토르 뷔르마(레오 말레[5]) 등이 범죄에 관련된 어떤 사실들을 알게 된 것은 바로 신문 기사들이 제공한 단서들 덕분이다. 일반적으로 소설의 도입부에 자리한 잡사는 등장 인물과 독자에게 있어 설명과 같은 역할을 한다.

특히 지적 유희인 미스터리 이야기는 새로운 서술 조직 속에 잡사를 통합하는 더 복잡한 서술 구조를 바탕으로 한다. 《모르그 가(街)의 이중 살인》(1841)에서 여러 기사들의 검토를 통해 최초의 범죄가 드러나게 되고, 범죄자의 신분은 감춰진 채 최

---

4) 시므농(1903-1989): 비영어권 나라에서 등장한 탐정인 '쥘 메그레' 경위라는 주인공을 창조해 도스토예프스키적인 군상들의 심리를 즐겨 묘사한 벨기에 작가. 《메그레 경위와 죽은 소녀》.〔역주〕

5) 말레(1909-1996): 1943년에 《가르 가 120번지 *120, Rue de la Gare*》를 통해 뤼팽을 닮은 '네스토르 뷔르마' 라는 주인공을 창조. 1930-49년 동안 초현실주의자 그룹으로 활동.〔역주〕

초 조서가 제시된다. 증인들이 닫힌 문 뒤에서 들었다고 믿는 것을 이야기하는 신문의 기사들은 서술적 측면에서 역언법을, 다시 말해 이해에 필수적인 정보의 간접적 누락을 정당화한다. 마크 리츠가 썼듯이 "두 가지 이야기, 범죄 이야기와 범죄의 근원으로 되돌아가기 위해 거꾸로 작용하는 수사 이야기로 구성된 추리 소설의 이러한 특별한 구조는 또한 단번에 나타난다."[6] 잡사와의 연관은 정보를 배합하면서 범죄 이야기를 책임지는 반면에, 탐정의 조사가 시작되면 그것은 사라진다. 뒤팽의 수사 이야기는 반복되는 이야기(증언들의 검토), 즉 단 한 번 일어난 것을 n번 말하는 이야기에서 벗어날 수 있게 한다. 범죄의 누락된 이야기를 찾으면서, 탐정은 이러한 결함이 있는 사건 진술을 무시할 만한 거리를 유지한다. 그가 다시 말했다. "《재판 신보》는 내가 두려워하는 바인데, 사건의 기이한 공포를 흡수하지 않았다. 그러나 그 기사의 어리석은 견해를 그대로 두자." 모든 사물은 각각의 감각이 있고, 일상 세계의 모든 물체는 기호가 될 수 있다는 견해에 영향을 받은 추리 이야기는 잡사의 불완전하고 가벼운 텍스트를 해독되기 바라는 기호적 텍스트로 변환시킨다. 한편 잡사는 조사관으로 하여금 가설들을 구상하게 하거나, 조사의 실마리를 던지거나, 모리스 르블랑[7]의 《기암성》에서처럼 행동의 예상치 못한 전개와 새로

---

6) 《추리 소설, 문학 장르의 역사와 이론에의 입문 *Le Roman policier, introduction à la théorie et à l'histoire d'un genre littéraire*》, CEFAL, 1993, p.143.

운 반전을 허용하면서 사건들의 변화 속에서 능동적인 역할을
한다.

2) 단 편

작가가 창조하는 허구의 이야기뿐만 아니라 신문에 보도된
뉴스의 사건들을 의미하는 다의어 '누벨(nouvelle, 소식·단편)'
이란 단어는 잡사와 단편을 근접하게 한다. 19세기에 신문의
지면이라는 같은 지주(支柱) 위에 두 장르가 출현한 것은 저널
적인 동시에 문학적인 누벨의 위상을 모호하게 만든다. 목표
로 삼은 대중이 같으므로 더욱 그러하다. 그러나 문학적 누벨
과 일반 뉴스의 누벨은 같은 양상의 독서 계약을 하지 않는다.
다니엘 그로뇨브스키에 따르면 "첫번째 경우에 누벨은 상상적
인 것을 부여받아 독자는 허구의 즐거움을 경험한다. 반면에
두번째 경우, 누벨은 현실로 가득 차서 독자는 그에게 일어날
수도 있는 사건들을 경험한다."[8]

1906년 《르 마탱》지에 펠릭스 페네옹이 쓴 《세 줄 소식》은
'누벨'의 이중적 소속을 이용한다. 저널적 장르로서, 누벨은

---

7) 르블랑(1864-1941): 1905년 《아르센 뤼팽의 체포》를 발표해 변장과
탈옥의 명수인 '아르센 뤼팽'이라는 '괴도 신사'를 주인공으로 등장시킴.
코난 도일과 더불어 추리 소설의 대중화에 기여한 프랑스 작가. [역주]
8) 《누벨 읽기 *Lire la nouvelle*》, Dunod, 1993, p.44.

현실 속에 뿌리를 내리고 사회 비평을 구성하면서 진정성을 목표로 한다. 패트릭과 로만 발드 라소브스키에 따르면 "제3공화국은 거기에서 사냥, 낚시 사고, 선거 논쟁, 소풍과 국경일, 사기꾼, 사업, 금융 스캔들, 파업 시기의 황색과 적색 노조원의 대립, 장교들의 공식 선언, 공개 처형, 예술가들의 투쟁, 사창가와 품행 바른 처녀에서 자신의 모습을 확인한다." 고정된 형식의 규칙들에 복종하는 체계화된 문학 장르로서의 누벨은 지각할 수 있는 문체 효과를 지닌 문학적 소(micro)이야기로서 나타난다. "클리쉬에서 우아한 청년 하나가 방수 처리된 마차 아래로 뛰어들었고, 무사하자 이번에는 트럭으로 뛰어들어 으스러졌다."

잡사와 문학적 누벨(단편)은 자주 공통된 주제를 공유한다. 주제에 관해서(교통 사고 · 강간 · 자살 · 실종 · 가출 등), 르 클레지오의 《배회, 그리고 다른 잡사들》의 단편들은 실제 세계의 암울한 잡사란에서 끌어왔다. 이러한 인상은 등장 인물들, 예를 들어 상처받기 쉬운 약한 존재들, 고독(〈몰로크〉의 트레일러 주택에서 혼자 아이를 낳는 젊은 여자)과 실업과 이민(〈국외 탈출 안내인〉 〈오 도둑이여, 도둑이여, 너의 인생은 무엇인가?〉)과 현대 사회의 폭력(〈아리안〉의 주택 단지 내 지하실에서의 강간, 〈오로르 별장〉의 강제 수용)에 직면해서 지표를 잃은 주변인들과 소외된 사람들에 의해 확고해진다. 한편 르 클레지오의 작품들은 그 형식의 단순성과 간결성(한정된 단일한 줄거리, 수적으로 제한된 등장 인물)으로 저널적 잡사와의 공통점을 드러낸다. 두 장르는 서술의 단순한 단일성으로 구성된다. 다니엘 그로뇨브스키가 제시한 것처럼 〈배회〉는 아마 '들치기의 비극적 결말'이라는 제목의 잡사 형태로 일간지 속에서 나타날 수 있을 것이다. 시·공간적 상황(13시경, 자유의 광장), 제한된 수의 등장 인물(마르틴, 티티, 푸른 정장을 입은 부인), 그리고 축소된 사건들의 줄거리(도둑질, 소형 오토바이를 타고 도주, 비극적 사고) 등은 집중을 위한 결정이었다.

마지막으로 잡사처럼 단편은 텍스트적 자율성을 즐긴다. 둘 모두 이전의 어떤 에피소드에도 의존하지 않으면서, 줄거리를 결정적으로 중단시키는 돌이킬 수 없는 결말과 함께 일관성 있는 전체를 구성한다. 〈잡사의 구조〉의 롤랑 바르트에 따르면, 잡사는 그것의 내재성에 의해 콩트나 단편과 유사하다. "독서의 측면에서 잡사 속에는 모든 것이, 즉 그것의 상황, 이유, 과거, 결말이 주어져 있다."(p.189) 즉각적인 단편은 밀도 있고 유일한 핵심 순간, 등장 인물들의 운명이 행해지는 본질적인 순간(〈몰로크〉에서의 해산, 〈배회〉나 〈다비드〉에서 법의 위반) 주변에서 만들어진다. 표면적이기보다는 심층적으로 작용하고 서술적 긴장감과 즉각성을 구사하며 절정과 끝을 우선시하면서, 몇몇 단편들은 몇 페이지로 등장 인물을 독자로 변환시킬 이행과 모험을 전달하고자 하는 야심을 갖고 있다. 잡사에서처럼 단일한 모험에서 생겨나는 이야기는 19세기 포나 메리메·모파상·비이에 드 이즐―아담의 단편들에서처럼 기이하고 스펙터클한 사건 쪽으로 발전한다. 예고된 위기의 기사인 단편은 서술적 힘 전체를 단일한 주요 사건 쪽으로 집중시킨다.

　그러나 저널적 잡사와는 다르게 문학적 단편은 서술자의 관점에 중요한 위치를 부여하고 이야기의 빈약한 자료들을 이용하여 문학적으로 씌어진 이야기이다. 잡사가 흔히 연대기순으로 사건을 뒤따르면서 엄격한 시간적 선조성에 따라 구성되어지는 반면, 단편은 기호들을 찾아서 반대 방향으로 작용한다.

3) 연 극

비극과 비극성

　아리스토텔레스는 비극을 공포와 연민을 일으킴으로써 카타르시스에 이르게 하는 것으로 정의한다. 이 개념은 관객의 순수하고 단순한 동일화를 의미하는 것이라기보다는 오히려 매혹과 혐오의 혼합을 의미한다. 연민을 갖고 타인의 입장이 되어 보도록 하는 움직임에 이어 거리두기와 판단이 온다. 이러한 충격적인 감정들, 관객이 강하게 느낀 이 감정들은 만약에 그것들이 미학적으로 처리되지 않았다면 국가에 대한 위협으로 여겨졌을 것이다. 카타르시스, 정화는 사실 비극에 내재한 위험하지 않은 폭력이다. 같은 메커니즘이 잡사를 읽을 때도 작용한다. 독자가 범죄자와의 동일시를 통해 충족시키기 어려운 욕망을 배출함으로써 도덕적 의식은 마침내 이기게 된다.

<어떤 부모 살해자의 감정>에서 프루스트는 잡사의 비극적 차원을, 이러한 '광기와 피의 폭발'이 가지는 '도덕적 아름다움'을 재평가한다. "나는 하늘에서 내려오는 숨결로 범죄의 방을 환기시키기를 원했다. 그리고 이 잡사는 종교 의식을 재현하는 그리스 비극들 중의 하나이고, 그 불쌍한 부모 살해자는 단순한 범죄자나 인간성을 저버린 존재가 아니라, 인간성의 숭고한 본보기이자 현명한 정신을 지닌 인간이며 온화하고 효성스러운 자식이라는 사실을 드러내고자 했다. 동시에 나는 가장 피할 수 없는 운명이——여느 사람들처럼 말하기 위해서 병리학적으로 말하자면——인간들 중에 가장 불행한 사람을 유명해질 만한 범죄와 속죄 속에 내던졌다는 것을 보여 주고자 했다."(《모작과 잡록》, p.232) 결말에서 프루스트는 고대 그리스인들이 오이디푸스와 오레스트에게 바쳤던 존경을 언급하면서 부모 살해자를 예찬하기까지 했다. 작가는 잡사를 이상화하면서 몇 달 전에 죽은 그의 어머니에 대해 느낀 죄의식에서 벗어난다.

만약 '비극적'이란 형용사가 연극 장르로서의 비극을 참고한 문학적 의미를 내포하고 있다면, 그것은 또한 고통과 죽음의 표현('비극적 사고')과 연결된 실제 상황에도 적용된다. 비극성은 운명이나 숙명 혹은 인간의 일생을 죽음이라는 결말로서 지배하는 냉혹한 어떤 힘과 관련된다. 비극적 행위는 이미 예정되어 있는 것 같고, 의무는 외적인 필요로서 주인공에게 부과되어진다. 상황의 필요성은 고결한 도덕적 요구를 위해 등장

인물 자신의 개인적 행복을 기꺼이 희생하기를 선택하는 자유, 그의 불행 혹은 행복을 초래하는 그 자유와 모순되지 않는다. 비극성은 인간이 운명에 대항하면서, 그가 진다는 것을 미리 알고 있지만 회피할 수 없는 투쟁을 한다는 사실에서 기인한다. 잡사의 희생자와 비극의 인물은 사건과 반전, 그리고 재앙으로 끝나는 공포스런 우연을 다 합쳐 놓은 것을 관통한다는 공통점을 지니고 있다. 비극의 연극적 구조와 추리 이야기·잡사의 구조는 등장 인물의 변화나 심리에 기초한 것이 아니라 무엇보다 줄거리에 기초한 것이라는 공통점이 있다. 소포클레스의 《오이디푸스 왕》은 유죄성의 폭로와 범죄의 발견이 있는 추리 이야기적 도식에서 유래한다. 희곡의 추리적이고 사실 기록적인 구조는 라이오스의 살해를 조사하면서 자신 외에는 다른 범인을 발견할 수 없는 오이디푸스의 비극적 운명을 부각시킨다. 잡사에서처럼 그리스 비극이나 고전 비극의 중심에 있는 운명이라는 주제는 행위자에 반하는 행위의 급변, 혹은 소유자에 반하는 대상의 급변, 혹은 절정의 수사학적 문채에 의해 표현되어진다. "아가멤논이 딸을 벌한 때는 그녀가 그의 선함을 칭찬한 바로 그때이다"라고 바르트는 〈잡사의 구조〉(p.195)에서 지적하면서, 절정을 암시하기 위해 아주 강한 라틴어의 상관부사(cum…tum)를 사용했다는 것을 언급한다.

비극과 잡사에서 세부적인 것들의 집중, 단일한 사건에 집중된 짧은 줄거리의 단순성, 별로 많지 않은 수의 등장 인물, 시·공간적 배경의 축소 등은 사실주의 미학의 선택과 진실에 대한 절대적 환상을 부추기려는 의지를 바탕으로 하고 있다. 모방적 환상의 원칙을 바탕으로 하면서 현실을 모방하려는 원칙과 목적을 가진 고전적 미학은 진실임직함의 개념을 강요한다. 삼일치의 법칙(시간·장소·줄거리의 일치)은 상연을 진실임직하게 하는 기능을 한다. 상연은 대중이 허구의 현재 속으로 들어가게 하고, 실제 행동을 목격하고 있다고 관객을 믿게 만든다. 잡사 역시도 사물과 사건과 인물이 최대한으로 실재와 동일화되기를 추구한다.

연극성

연극성의 개념은 대화체의 형식, 배우의 연기, 무대 공간, 의상 및 조명 기술이 문제가 되는 무대 상연에 적합한 특징을 규정한다. 스펙터클의 유혹을 이기지 못한 연극이 실재를 잊어버리고, 스펙터클한 것을 찬양하고 과장된 이미지를 만들어 내면서 그것의 관례들을 고집할 때 그 개념은 부정적인 의미를 지니게 된다. 연극성은 몇몇 범죄 잡사들의——거기서 범죄는 정성들여 만들어진 음산한 연출의 대상이 되고, 확인하고 싶은 깊은 욕망에 이끌린 잡사의 '저자'는 대중의 감정을 부추기는 광고의 가치를 표현한다——특징을 드러낸다. 미디어적이고 공적인 자신의 이미지의 중요성을 인식한 등장 인물인 아르센 뤼팽은 개인적인 광고와 가니마르 형사를 비웃기 위해 신문을 자주 사용하였다. 스탕달의 《적과 흑》에서 사형당하기 전

쥘리앵 소렐은 자신의 죽음을 환상화한 장면에서 허영적인 취향과 커다란 자신감을 드러낸다. "그들의 눈에 대단하게 보일 방법이 있다. 처형장에 가면서 금화를 사람들에게 던지는 것이다. 돈과 관련된 나에 대한 기억은 그들에게 눈부실 것이다."(p.413) 《질 드 레의 소송》에서 조르주 바타유는 일생 동안 '대규모의 연극 공연'(p.279)을 하고, 죽음 그 자체도 '연극적 향연의 기회'(p.343)로 연출한 '비극의 인물'이며 '셰익스피어적' 주인공인 그 비범한 범죄자의 연극적 본질을 강조한다. "반대로 범죄 속에는 범죄자가 결국 자신의 정체를 드러낸 채 즐기기를 요구하는 연극적 가능성이 본질적으로 남아 있다. 질 드 레는 연극에 대한 열정을 갖고 있었다. 그는 자신의 파렴치함과 눈물과 회한이 서린 고백에서 처형의 비장한 순간을 이끌어 냈다."(p.279) 이러한 관음증("작품에서 죽음을 보라." p.278)과 노출증의 혼합이 연극적 장치의 중심에 있다. 연극성은 발신자(배우 · 범죄자)가 행위적 · 언어적 · 청각적 · 시각적 의사 소통의 체계 속에서 수신자(관객 · 희생자 · 증인들 · 신문 등)에게 말한다는 사실에서 발생한다. 이타성(異他性)은 연극성의 기초가 된다.

그때부터 우리는 왜 의외의 사건과 극적 반전을 지닌 스펙터클한 잡사가 비극이나 멜로드라마의 작가들을 유혹하는지 이해할 수 있다. 관념이 아니라 사실을 표현하는 행위 연극, 그랑 기뇰[9]극의 직접적이고 본능적인 언어는 현실에 사로잡혀 있는 신경증 환자들과 범죄자들 앞에 있는 공포와 불안을 받아들인다. 희곡들, 모파상의 불안스런 시나리오, 포의 텍스트들, 《배를 갈라 죽이는 살인자 잭》(1935), 공포스런 식인귀 구트 도르를 참조한 《괴기스런 범죄》들은 괴기스럽고 과도한 잡사들을 참고로 한다. 잡사란에서 아주 빈번히 소재를 빌려오는 현대(70년대)의 극작가들은 실재로의 복귀를 통해 멜로드라마의 세세하고 과장된 형식을 이용하고 과도함을 선택한다. 무대 위에서 살육과 시체들이 아주 적게 나타나는 점이 그것을 증명한다. 틸리의 《고급스런 식육점》(1980)에서, 식육점 주인이 아들의 도발적인 언사를 더 이상 참지 못하고 아내의 도움을 받아 그의 외아들을 가게 뒷방에서 살해했다. 자살하기 전에 아내를 죽인 미치광이 이야기인 미셸 도이취의 《멋진 인생》(1975)에서, 신문지에 싸인 권총은 제2장에서부터 다가올 범죄와 자살을 연극적인 방식으로 예고한다. 사실주의에 대한 근심과 연결된 과도함으로 인해 현대 극작가들은 "비공개적으로 실제 시간(사실, 범죄와는 반대로 계산)에 의거해 재구성한 초자연주의의——다시 말해 기교를 부린, 흔히 말하듯 '암시적인' 자연주의——힘을 빌린다"라고 장-피에르 사라자크는 《극의 미래》[10]에서 쓰고 있다.

신문 기사에서의 삽화가 잡사의 결정적인 순간을 고정하려

---

9)그랑 기뇰(Grand-Guignol): 19세기말에 세워진 무서운 연극만을 공연한 극장. 〔역주〕
10) L'Aire théâtrale, 1981.

고 애쓰는 것과 마찬가지로 연극은 상연되기 힘든 것을 상연하고, 잡사에 고유한 극단적 상황을 물질적이고 시각적으로 믿을 수 있게끔 하고자 애쓴다. 1981년에 씌어진 미셸 비나베르의 《일상》은 1972년 10월 13일에 있었던 잡사에서 영감을 받았다. 우루과이 럭비팀이 포함된 마흔다섯 명의 승객이 몬테비데오에서 이륙했다. 비행기는 산꼭대기에 부딪친 뒤 산산조각이 났다. 열여섯 명의 생존자는 안데스 산맥의 빙하 위에서 악몽을 체험한다. 그들은 비행기 사고로 사망한 승객과 파일럿들의 시체를 먹으면서 살아남았다. 희곡은 잡사를 바꿔서, 비행기 사고 후에 안데스 산맥 한가운데서 생존한 후지스 기업의 임원 이야기를 만들어 냈다. 무대 위에서 식인적인 식사를 보여 주는 것은 결국 연극을 그것의 고유한 한계에 대면시키는 것이 된다. 우리가 상연할 수 없는 것을 상연하고 싶을 때, 그리고 게걸스럽게 먹고 먹히는 육체의 '외설스러움'을 보여 주고 싶을 때 어떻게 여전히 사실주의적 미학에 충실할 수 있을까? 비행기 사고와 식인 풍습은 배우들의 육체가 표현해야만 하는 극단적 상황이다. 베르나르-마리 콜테스의 《로베르토 쥬코》의 글쓰기의 근원이 되는 것은 바로 광범위하게 미디어로 전파된 범죄 잡사(로베르토 쥬코의 이야기)의 연극성이다. 1988년 지하철에 게시된 쥬코의 얼굴 사진에 매혹된 후, 세상을 경멸하며 감옥 지붕 위로 올라간 죄수의 텔레비전 영상에 감동받은 콜테스는 그 잡사에 연극적 형식을 주기를 시도한다. 텍스트는 지하철에 게시된 수배문을 재현한 것과 마찬가지로 진짜 쥬코가 기록한 원본 부분을 사용했다. 1990년 피터 슈타인이 연출한 《로베르토 쥬코》에서, 극작가는 태양을 뒤로 하고 상공의 헬리콥터와 함께 감옥의 지붕 위에 있는 로베르토 쥬코의 모습을 찍은 《파리-마치》지의 사진들을 통합하였다. 문제는 의례적인 잡사의 안정된 연극성에서 극상연의 불안한 연극성으로의 이행인 것이다.

2. 통텍스트적 실제

1) 간텍스트성(intertextualité)

제라르 주네트의 제한적 정의에 따르면, 즉 '둘 혹은 여러 텍스트 사이의 공존의 관계'인 간텍스트성은 인용이라는 명백한 형태를 취하거나 출처를 밝히지 않고 차용한 표절, 혹은 덜 명백하고 덜 문자적인 암시라는 형태를 취할 수도 있다. 어쨌든 발화문의 이해는 그것이 참고로 한 또 다른 발화문과 그것 사이의 관계의 인식을 가정한다. 익명의, 그리고 깊이 없는 사건들의 무더기 옆에서 몇몇의 '멋진 범죄'는 개인적 위반의 기억과 문화를 구성할 정도로 개인·태도·장소들의 지위를 승진시킨다. 각각의 새로운 범죄는 기억과 그것이 다시 활성시킨 재현의 길다란 고리 속에 각인되는 인상을 준다. 빅토르 위고의 《어느 사형수의 마지막 날》에서 살육으로 점철된 범죄에 관한 그 긴 이야기는 구체적으로 재현된다. 사실 화자는 세기 초에 일어났던 범죄 잡사의 주동자들이었던 '살인과 피의 인간들'의 이름을 그의 감방 벽 위에서 읽었다. "나는 그 이름들을 읽고 우울한 기억들이 떠올랐다. 동생을 네 등분으로 잘라 밤 중에 파리로 가서 머리는 분수에 몸통은 하수도에 버린 도뎅, 아내를 살해한 풀랭."(p.293) 또한 신문 기사들은 자주 '라스네르의 경쟁자' 혹은 '새로운 랑드뤼'에 대해 말하면서 범죄 이야기의 영웅적이고 유명한 모습을 참조하거나 암시한다. 범죄는 놀라운 간텍스트성 속에서 항상 또 다른 범죄를 언급한다. 《마리 로제의 수수께끼》에서 에드거 앨런 포는 새로운 범죄의 특성을 강조하기 위해 《모르그 가(街)의 이중 살인》 속의 변화된 잡사를 언급한다. "(…) 바로 그것이 모르그 가(街)의 경우보다 훨씬 더 복잡한 경우로, 아주 중요한 점에서 서로 상이하다. 바로 그것이 잔인하지만 **평범한** 범죄의 한 예이다. 우리는 거기서 특별히 **지나친** 어떤 것도 발견하지 못한다." 잡사는 범죄의 실례들의 저장고, 악에 대한 역사적이고 전설적인 기억의 저장고 역할을 하는데, 탐정은 자신의 유추적 사고를 풍성하게 하기 위해 거기서 소재를 끌어올 수 있다. 코난 도일의 《주홍색 연구》에서, 셜록 홈스가 지닌 범죄에 관한 해박한 교양에 매혹된 와트슨은 그 조사관 친구를 '걸어다니는 범죄 사전'이라고 정의한다.

19세기의 전형적 텍스트들의 과장됨과 공허함을 표명하기 위해 그것들을 다시 썼던 로트레아몽의 〈표절〉의 영향을 받아, 20세기초 아방가르드 시인들은 흔히 서로 다른 텍스트들과 장르들 사이의 충격을 이용한 잡사들의 콜라주 기법을 실행하였다. 《19편의 탄력적인 시들》 중 〈전보-시〉, 〈최근〉에서 블래즈 상드라르는 1914년 1월자 《파리-마치》에서 간행된 〈미국에서 벌어진 죄수들의 비극적 도주〉라는 제목의 텍스트를 모방하기를 즐겼다. 단순과거의 현재시제로의 대체, 불규칙한 리듬, 구두점의 부재 등이 시와 기사 이야기 사이의 유일한 차이를 구성한다.

— 신문 기사: "오클라호마, 1월 20일 – 세 명의 죄수가 오늘 아침 맥-알세스터 감옥에서 탈옥하였다. 상황은 다음과 같다: 권총을 구할 수 있었던 그들은 강제로(…)."

— 〈전보-시〉: "오클라호마, 1914년 1월 20일 – 세 명의 죄수가 권총을 구한다. 그들은 간수를 죽이고, 감옥 열쇠를 탈취한다. 그들은 감방 밖으로 뛰쳐나와 마당에 있는 네 명의 간수를 죽인다(…)."(p.68)

《전당포》(1919)에 수록된 앙드레 브르통의 〈견고하지 않은 집〉은 콜라주로 표현된다. 신문에서 직접 얻은 이 잡사의 이름만 바꾸었을 따름이다. 《나쟈》의 결말에서 브르통은 비행기 사고를 보도하는 1927년 12월 27일 《저널》의 기사를 거의 전부 인용했다. 1927년 12월에 수륙 양용 비행기 '새벽(Dawn)'이 윌슨 대통령의 질녀인 미국인 조종사 프랜시스 그레이슨과 함께 비행중에 사라졌다. 12월 24일에서 30일까지의 신문은 이 사건에 관해 희망과 공포를 교차시켰다. 만약 시인이 신문 기사를 인용하면서 일화적이고 지리적인 요소들을 제거한다면, 그것은 사건에서 우의적 차원을 없애기 위한 것이다. 초현실주의자들은 파괴와 창조의 변증법적 전략을 기초로 해서 콜라주라는 간접적 수단을 통해 잡사를 참고한다. 걸작의 개념을 포기하고 작가의 실종을 감수하는 간텍스트성은 텍스트 창조의 무한한 가능성을 향해 열려 있다.

2) 곁텍스트성(paratextualité)

출판된 텍스트를 둘러싼 언어적 혹은 비언어적인 모든 창작을 이해하는 우리는 곁텍스트[11]가 독자의 기대를 유발시킨다는 것을 안다. 그래서 작가에게 있어 그것은 독서를 유도할 수 있는 전략적 공간을 구성한다. 에드거 앨런 포의 《모르그 가(街)의 이중 살인》(1841)은 신문 《라 코티디엔》에서 '사법부의 역사에 유례가 없는 살인'이라는 제목으로 익명으로 재편성되어 1846년 프랑스에서 발행된다. 소위 '법정'이라고 칭해지는 문

---

11) 곁텍스트는 작품의 텍스트를 둘러싼 여러 요소들, 예를 들어 제목·부제목·서문·후기·주·제사(題詞)·삽화·만화·표지 등을 지시한다. 이러한 이질적인 총합이 독서의 양태와 독자의 기대를 결정한다.

학에 있어서 대중의 취향에 맞춰진 그 제목은 대중적 목표에 이르기 위해서 실재와 허구 사이의 혼란을 이용하고 있음이 명백하다.

곁텍스트는 때때로 작가가 잡사에 지고 있는 빚을 명확하게 할 뿐만 아니라 현실로부터의 이러한 차용을 받아들이는 방식을 명확하게 해준다. 플로베르가 항상 《보바리 부인》이 '전적으로 창조된 이야기' '순수한 창조'라고 주장하면서 들라마르 사건의 영향을 강력하게 부정하였다면, 프랑수아 모리아크는 일러두기에서 《테레즈 데케루》(1927)의 집필에서 잡사가 미치는 영향을 고백했다. 1906년 5월에 그는 카나비 부인의 재판을 참관하였는데, 그녀는 두 아이의 어머니로 독살 혐의를 받았고 남편과 시어머니가 그녀를 변호하였다. "청소년이었던 나는 중죄 재판소의 숨막히는 법정 안에서 깃털 장식을 한 귀부인들보다는 덜 가혹한 변호사들에게 인도된 당신의 창백하고 입술 없는 작은 얼굴을 보았던 것을 기억한다."(p.17) 1830년의 연대기인 《적과 흑》에서 스탕달은 그에게 영감을 준 두 개의 잡사(라파르그와 베르테 사건)를 언급하지 않는다. 그러나 제사(題詞)("**진실, 가혹한 진실. 당통**")가 작품의 뒷받침으로 사용한 미학을 알려 준다. 즉 소설은 여정 내내 가지고 다니는 하나의 거울이다. 저자가 선택한 인용문은 이러한 진실이 혁명적인 어떤 것을 내포할 것임을 암시하는 것 같다. 소설의 결말에 단 주(註)는 여론에 위협받는 개인(라파르그·베르테)의 사적인 영역을 존중해야 할 윤리적 필요성에 의한 소설적 창작을 정당화해 준다. "사생활을 건드리지 않기 위해 작가는 소도시 베리에르를 만들어 내고, 주교·판사·재판정이 필요할 때는 그가 한번도 가지 않았던 브장송에 이 모든 것을 설정하였다." 때때로 곁텍스트는 작가가 잡사와 유지하는 모호한 관계를 반영한다. 지드가 선택한 제목 《교황청의 지하도》(1914)는 실제 잡사를 나타낸다. 1893년, 사실상 교황이 프리메이슨 단원들에게 납치당해 사기꾼이 교황이 되고 진짜 레오 13세는 교황청의 지하도에 갇혀 있다는 소문이 떠돌았다. 사기꾼들은 돈 많고 순진한 귀족들과 부르주아들에게서 막대한 재산을 강탈하기 위해 그 사실을 이용하였다. 이렇게 기사의 사실성을 참조하는 것은 구시대적 장르를 참조하는 총칭적인 표식이며, 풍자적 성격을 지닌 소극 장르인 소제목('소티')과 모순된다. 곁텍스트적 요소들은 지드가 시도한 이전의 소설적 규범들을 파괴하고자 한다.

20세기 작가들은 실제 잡사들에 대해 행한 작업을 뽐내듯이 시인한다. 크리스티안 바로쉬는 자신의 단편들 중 하나(《사탕과자》)의 결말 부분에 자신의 상상력을 북돋아 준 신문의 잡사를 집어넣었다. "누가 사탕. 술 취한 32세의 남자가 일요일 저녁 몽펠리에의 한 카페에서 무장 강도를 시도했다. 그는 누가 사탕으로 된 권총을 이용하여 손님들을 위협하였고, 경찰이 도착하기 전에 홧김에 그것을 먹었다."(《리베라시옹》, 1988년 3월 13일자) 《배회, 그리고 다른 잡사들》의 곁텍스트는 끊임없이 잡사의 세계를 참조하고 있다. 주제를 드러내는 제목('그리고 다

른 잡사들')은 작품의 형식적 특징이 저널 장르의 특징과 유사
한 부류인 척 가장한다. 뒷면 표지는 '아주 명백히 평범한' '열
한 개의 잡사'를 언급하고, 반면에 '폴리오' 판 전집의 표지 삽
화는 가로등 근처에 있는 한 마리 개의 모습을 그려서 도시적
배경(차에 치인 개들을 다룬 기사의 상기!)을 표현한다. 진짜 신
문에서 오려낸 뒷면 표지와 제목을 다루고 있는 프랑수아 봉
의 《잡사》[12]에서, 잡사에의 참조는 곁텍스트 전체를 차지한다.
"르망, 4월 8일——암살과 무장 폭행·상해·인질 감금으로
피소된 26세의 아른이 오늘 아침 사건 발생 30개월 만에 사르
트 법정에 출두하였다. 그는 마르세유에서부터 소형 오토바이
를 타고 한달음에 달려와서 아내가 피해 있던 그녀의 친구 아
파트에서 15시간 동안 손에 칼을 들고 머물러 있었다. 아른은
두 여인을 바래다 준 젊은 남자를 드라이버로 다섯 번 찔러 죽
이고, 그 시체 앞에 세 명의 인질을 묶어두었다. 악몽 같은 밤
이 지난 아침, 경찰은 그 미치광이를 검문했다. 아래층의 세입
자들은 아무 소리도 듣지 못했다."(《르 쿠리에르 드 루에스트》)
봉의 텍스트는 사건의 복잡성과 깊이를 재현하기 위해 제목과
뒷면 표지 사이에 얽혀 있는 동어 반복적인 관계를 넘어서려고
애쓸 것이다.

---

12) **Minuit**, 1993.

3) 메타텍스트성(métatextualité)

메타텍스트성은 어떤 텍스트와 또 다른 텍스트를 연결하는 해설의 관계를 나타내는데, 전자는 반드시 후자를 인용하거나 명명하지 않고서 말한다. 이 관계는 가장 흔히 비평이다. 1841년 뉴욕에서 발생한 잡사를 파리 배경으로 바꾼 《마리 로제의 수수께끼》에서 포는 신문의 의견과 논쟁을 단지 검토하면서 뒤팽이라는 인물을 통해 실제 사건을 해결하고자 노력한다. 모든 정보는 신문의 기자들이 구상한 다양한 가설들의 비평적 토론를 중심으로 조직된다. 포는 잡사들을 딱 한번 읽음으로써 이 수수께끼를 해결할 작정이다. "사실, 내가 기존의 의견——즉 그 소녀가 불량배 무리들에게 희생되었다는——이 거짓임을 증명하였을 뿐만 아니라 수사에 새로운 국면을 맞이하게끔 암살자를 지목했다고 생각한다"라고 저자는 서론의 주에서 밝히고 있다. 잡사에 관계된 인용적인 간텍스트는 비평적인 메타텍스트에 근거하고 있다. 20세기초에 레미 드 구르몽 및 로랑 타이라드·알퐁스 알레·윌리·알프레드 자리·트리스탕 베르나르의 텍스트들은 뉴스에 대한 독특한 해석들이며, 주요 신문의 진부함과 전형성을 거부하는 사건들에 관한 개인적인 견해들이다. 〈탁탁소리〉에서 블레즈 상드라르는 반어적으로 다음과 같이 썼다. "《파리-미디》는 한 독일인 교수가 콩고에서 식인종들에게 잡아먹힌 사실을 보도했다/아주 잘했다."(p.68)

잡사에 도덕적 실증성을 부여한 초현실주의자들과는 달리 사회학학회 회원들은 이러한 주장을 거부한다. 미셸 레리스는 잡사에서 평온 속의 무질서와 같은 비논리적이고 부조리하며 저속한 난입을 본다. "(…) 그러나 나는 항상 운명의 저속한 표현인 잡사에 속하는 모든 것 앞에서 두려움과 동정이 수상쩍게 뒤섞인 상태로 반응하였다."(《성년》, p.112) 대중적 일화는 특히 사회에서 장식적인 기능을 한다. 《파리-스와》《르 피가로》《랭트랑시쟝》《리옹의 진보》 같은 신문들의 기사들을 분석하면서, 로제 카이유아는 〈형리의 사회학〉(1939년 2월)에서 76세의 나이에 죽은 사형집행인 아나톨 데이블레의 죽음에 부여된 중요성에 관해 자문한다. "그는 죽었다. 그의 죽음은 일간지 첫 페이지에 커다란 표제와 함께 실렸다. 어떤 서정적 표현도 사진도 배치되지 않았다. 우리가 잡사 하나에 그렇게 많은 관심을 부여할 만큼 세계에서는 아무 일도 일어나지 않았던 것인가? 그러나 유럽의 운명이 걸려 있고, 그리고 아마도 결정된다."(p.11-12)

잡사에 매혹되어 《데텍티브》와 《파리-스와》의 애독자가 된 사르트르는 범죄 잡사들을 높이 평가한 초현실주의 텍스트들에 관한 비평 담론을 썼다. 《벽》(1939)의 단편 〈에로스트라트〉는 에페수스 사원을 불태우는 에로스트라트처럼 되기를 꿈꾸며 '검은 영웅들'에 매혹된 광신자 폴 일베르를 등장시킨다. 그는 무상 행위를 하기 전에 '안주인을 죽이고 약탈한 그 하녀들'의 사진들에 집중한다. 《혁명에 봉사하는 초현실주의》 제5

호(1933년 5월 15일자)에 나타난 암시가 문제이다. 그 잡지는 신문 기사를 요약·소개하는 난에서 파팽 자매의 범죄 이야기를 크게 다루었고, 그 자매의 암살 이전과 이후의 사진 두 장으로 그 난을 끝맺었다. 백일몽의 방식과 환각의 탐구를 정신 착란으로까지 끌고 간 일베르는 브르통의 이론을 글자 그대로 해석하고 싶었던 것 같다. 길거리에서 익명인들에게 총을 쏘는 그의 계획은 《초현실주의 제2선언》[13]의 한 구절을 과장된 방식으로 암시하고 있다. "가장 단순한 초현실주의적 행위는 권총을 손에 들고 거리로 내려가 우리가 할 수 있는 만큼 닥치는 대로 군중에게 총을 쏘는 것이다." 익명인들을 향해 총을 겨누는 것은 모든 도덕적 판단에서 벗어난 실질적이고 평범한 문제로 여겨졌다. "나의 표적들은 그다지 유명하지 않았다. 그러나 인간들은 넓은 과녁을 제공한다. 특히 우리가 아주 가까이서 총을 겨눌 때는."(p.89) 메타텍스트 〈에로스트라트〉는 자동 기술법 혹은 편집광적 비평 방법[14]에 의해 주관성을 상징적으로 와해시키는 격렬한 초현실주의적인 부정을 비판하기 위해 잡사를 활용한다.

해설의 관계는 문학적 미학에 관한 성찰을 야기할 수 있다.

---

13) Gallimard, coll. 〈Idées〉, p.78.

14) 편집광적 비평(la paranoïa critique): 1930년 달리에 의해 주장된 초현실주의 회화의 한 방법. 사실적으로 치밀하게 그린 일상적인 사물에다 아주 의외의 환상적인 해석을 이중 이미지로써 부여해 잠재 의식의 세계를 표출시키는 것.〔역주〕

《말도로르의 노래》에서 화자는 서스펜스 소설에서 추출한 요소들과 멜로드라마적 수사학의 차용을 강조하는 반어적 여담을 위해 종종 허구를 포기한다. 모든 사실주의와는 반대로 해설의 글쓰기는 씌어진 페이지의 현실로 독자를 돌려보내는 언어 활동의 메타언어학적 기능을 주장하기 위해 지시적 기능을 포기한다. "누군가 미래의 먹이감으로 그를 감시하고 뒤쫓을 때, 사실 어떤 법으로 그는 그의 체류가 무사히 끝나도록 할 것인가? (내가 막 끝내려는 문장 바로 뒤에 오는 제한적 의문문을 내세우지 않았다면 선정적 작가라는 그의 직업을 거의 알아보지 못할 것이다.)"(p.235) 클로드 아블린의 《U선의 정기권 이용자》(1947)에서 신문의 큰 표제인 소설의 첫부분은 저널적 쓰기와 문학적 쓰기 사이의, 실재와 허구 사이의 관계에 관한 성찰의 기회가 된다.

샹젤리제에서의 암살.

오후 2시에,

대로 한복판에서,

자동차

대리점의 소장은

여섯 발의 권총에 쓰러진다.

비할 데 없는 냉정함과

대담함을 입증하면서,

살인자는 사라진다.

(…)

　소설가들에 대한 멋진 명상 주제. 아무것도 그들이 반세기 전부터 트리오-일상을 증명하는 미학을 책에 적용하는 것을 막지는 못할 것이다. 아침, 점심, 저녁, 멋진 범죄가 신문의 기사란을 차지한다. 각 기사란은 하루의 일부분을 가져올 수 있고, 그 대부분은 문지방에서부터 제공되어질 것이다. 약간 풀이 죽었지만 항상 명예로운 동업자에게 나는 이 새로운 방식을 제안한다. 자신이 영광을 얻을 수 있는 일을 다른 사람이 하도록 결코 내버려두지 말라는 격언에 따라 나 역시 나름으로 그것을 시도한다. 그러나 나는 여기서 창조자인 척할 권리를 인정받지 못했다. 이 사건에서 모든 것은 실재이다. 그것은 단지 하나의 진술이거나 기사 혹은 서류일 뿐이다.

4) 하이퍼텍스트성(hypertextualité)

　제라르 주네트는 텍스트 **B**(상위텍스트)와 "**B**가 해석이 아닌 방식으로 첨가된"[15] 이전 텍스트 **A**(하위텍스트)를 연결하는 모든 관계를 '하이퍼텍스트성'으로 정한다. 변형(개별적 텍스트에 관한 작업)이나 모방(문체·방식의 재생산)의 관계들로 하이

---

15) 《팔랭프세스트 *Palimpsestes*》, Seuil, p.11.

퍼텍스트성을 정의하기보다는 이 관계들의 기능, 즉 그것들의
의도와 효과를 우선시할 것이다. 비록 하이퍼텍스트가 "세세
하게 정의할 수 없고 예측할 수 없는, 진지함과 장난(명석함과
유희성)이 뒤섞인 혼합물"(p.453)이라 해도 '체제(régime)'의 기
준에 따라 경우를 분류하는 것이 적절한 것 같다. '유희적' '풍
자적' '진지한' 체제들이 있다. 우리는 더 단순하게 희극적 체
제(아이러니·유머·패러디)와 진지한 체제로 구별할 것이다.

희극적 체제(régime comique)

잡사가 패러디 방식을 참조하는 것은 어떤 작가들의 작품에
서 종종 소설적 규범들을 파괴하게 한다. 멜로드라마와 연재
소설에서 사랑받는 테마들, 예를 들어 피학대 아동, 구세주, 창
녀의 테마들을 차용한 《말도로르의 노래》는 어떤 중간 단계도
없이 그 테마들을 이야기 속에 첨가한다. 로트레아몽은 가장
가시적인 효과를 강조하고, 연상적 표현을 통해 실재를 도식적
으로 재현하거나("자정이다. 더 이상 바스티유에서 마들렌으로
가는 버스는 단 한 대도 없다." p.87), 혹은 다음과 같은 수수께
끼 같은 선언을 문장과 연결하면서 이 차용의 패러디적 내용
을 강조한다. "가방이 내지르는 것 같은 찢어지는 듯한 비명
소리를 들었을 때, 카루젤의 다리는 어떻게 자신의 중립성을
지킬 수 있었는가!"(p.233) 지드의 《교황청의 지하도》에서, 연
재 소설이나 《라 크와》 같은 신문에서 얻은 잡사들의 패러디적

모방은 추리 소설과 연재 소설 같은 여러 장르를 변형시켜서 소설 속에 구성되게 한다.

잡사는 많은 유머러스한 효과를 내는 데 적합하다. 알퐁스 알레의 《여름의 쾌락》은 희극적인 대조법을 구사한다. 《라 크 와》지의 열렬한 독자인 못생긴 옆집 여자를 쫓아 버리기 위해 화자는 그 종교 신문의 한 호를 가짜로 만들어 인쇄했다. "그 리고 잡사! 특히나 거기서 교황의 대사가 그 전날 물랭루즈의 무도회장에서 술에 취해 경관을 때리고 욕을 해서 체포된 이 야기가 보도된다."(《블랙 유머 전집》에서 앙드레 브르통이 인용, p.215) 개 한 마리가 어떻게 강도를 추격했는지를 이야기하는 《잡사》에서 서술은 자유간접화법을 이용해서 개의 관점을 취 하였다. "짖는다구? 얼마나 신중하지 못한가! 강도들은 그를 덮쳐 마치 닭고기처럼 배를 가를지도 모른다. 침묵할까? 도망 갈까? 그럼 직업적 의무는?"

《세 줄 소식》에서 페네옹이 채택한 고정된 형식과 닫힌 구 조는 신문 기사의 엄격한 규범과 비교해서 유머러스한 일탈을 허용한다. 유머러스한 글쓰기는 언어를 재-창조(re-création)와 오락(récréation)이 뒤섞인 돈 안 드는 즐거운 놀이의 장소나 유 희적이며 시적인 활동 장소처럼 다룬다. 이 유희적 **에토스** (ethos)는 초연한 어조와 특이한 내용 사이의 차이, 발화자의 거리두기, 동사 시제의 사용, 시니피앙들의 동음이의 혹은 다 의어에 관한 유희, 음성적·운율적인 효과, 절정 혹은 수수께 끼를 이루는 결구에서의 추락 등에서 나타난다.

　— "수영 교사 르나르는 샤랑통의 마른에서 물에 빠진 자신의 학생들을 구하려 직접 물에 들어갔다. 그는 익사했다."

　— "생트-안 해변(피니스테르 지방), 수영하던 두 사람이 익사했다. 한 명이 뛰어들었고, 그래서 에티엔 씨는 세 사람을 구해야만 했다."

　블랙 유머는 내용(끔찍한 사망자들)과 사건의 공포를 완곡하게 표현하는 무관심하고 냉정한 어조 사이의 괴리에서 발생한다. 가장 기본적인 인간의 감정을 감춘 채 객관적 담담함을 지니고 '기자'는 관찰한 사건의 특수성을 기술적이고 정확한 세부 사항들과 함께 기록한다. "르 베르보는 마리 샹피옹을 잘 겨냥했지만 그의 눈이 불탔다. 왜냐하면 한 잔의 황산염은 정확한 무기가 아니었기 때문이다." 윤리적인 한계를 넘어서, 《세 줄 소식》은 잡사들을 시니컬하게 연결하고 성별·연령·도시·지역의 기준에 따라 그것들을 분류하면서 과장된 열거법에 의해 처리할 수 있다. "암살당한 여자들: 코트메알, 생-모리스, 소르베이(피니스테르, 르와르, 뫼즈 지방)의 24세, 69세, 72세 된 구리오 부인, 조세랑 부인, 티리 부인." 장-루이 푸르니에는 그의 저서 《엉뚱한 프랑스 문법》[16]에서 두 개의 서로 다른 언어 영역, 즉 잡사의 언어 영역과 문법적 언어 영역 사이의 엉뚱한 충돌을 사용한다. "복수극: 나무가 떨어지면서 나무를 벤 나무꾼을 짓눌러 버렸다(동사들은 행위를 표현한다)."

---

16) **Payot**, 1992.

작가가 쾌락과 장난으로 모작에 열중할 때 잡사는 인정받게 된다. 《모작과 잡록》(1919)에서, 프루스트는 사소한 사기 사건인 르므완 사건을 '부분들로 이루어진 단일한 주제'를 위해 선택했다. 거기서 그는 발자크나 플로베르, 플로베르를 비판한 생트-뵈브 같은 '몇몇 작가들의 방식을 흉내'내려 애썼다. 레이몽 크노의 《문체 연습》(1947)은 짧고 고의적으로 무의미한 일화에 아흔아홉 가지 문체적 변이형을 제시한다. 주제는 '이야기' 속에 제시된다. 파리의 버스 S에서, 끈 장식이 달린 펠트 모자를 쓴 목이 길다란 한 젊은 남자가 한 여행객과 신랄한 몇 마디 말을 주고받고는 빈자리에 앉으러 갔다. 두 시간 뒤에 화자는 생-라자르 역 앞에서 그를 만났다. 그 남자는 친구와 함께 있었는데, 그 친구가 그의 외투의 맨 윗단추를 보충하기를 충고했다. 쉽게 식별 가능한 저널적 장르를 참조한 코드화된 짧은 발화문으로서, 잡사는 언어의 모든 잠재성을 전개하게 하고, 본래 의미와 관련하여 차이를 느끼게 한다.

진지한 체제

소설적 허구 속으로의 잡사의 통합은 또한 진지한 방식으로도 이루어진다. 추리 소설의 작가들은 흔히 저널적 글쓰기를 모방하는 잡사란의 기사들을 이야기 속에 삽입한다. 사실 추리 소설 속에서 나타나는 신문 기사들은 유용한 서술적 보조 수단으로서 기능한다. 에드거 앨런 포의 《모르그 가(街)의 이중 살인》에서 이용된 가짜 신문 기사는 범죄에 관련한 모든 정보를 간략하게 제공해 준다. 《재판 신보('가장 특이한 이중 살인')》의 석간판은 '끔찍한 수수께끼'를 제시하고, 반면에 다음 호는 증인들의 모순된 진술을 재현하면서 '추가 세부 사항' 들을 알려 준다. 《노란 개》에서 시므농은 소설의 삼분의 일을 구성하는 신문 기사를 전부 작성한다. 지역 일간지 《브레스트의 등대》에서 나타난 소제목('매일의 비극' '그의 자동차에서 발견된 혈흔들' 등)이 붙은 익명의 기사는 지방지의 전형성을 재현하고 있다.

    평균치보다 훨씬 더 큰 발자국 같은 이상한 흔적을 여러 장소에 남긴, 신원이 확인되지 않은 사람을 찾고 있는 것이 아닌가?
    미친 사람? …부랑자? …이 모든 악행을 저지른 작자는? … 그는 오늘 저녁 누구를 공격하러 갈 것인가?
    아마도 그는 상대할 사람을 발견할 것이다. 왜냐하면 겁에 질린 주민들은 미리 대비하여 무장을 하고, 최소한의 위험에도 총을 겨눌 것이기 때문이다.(p.56-57)

진짜 잡사란의 기사들을 모방하면서, 기사는 일반적으로 짧은 문장과 단순한 구조로 이루어진 비교적 간단한 이야기 형식으로 제시된다. 이 유머 있는 기사에서 시므농은 또한 사회적이고 관념적인 담론(자기 방어의 필요성)과 적절한 도덕적 판단을 전달하는 미디어들의 특징적 사고 양태와 어조를 받아들인다. 부랑자의 출현과 범죄를 고의적으로 결합시키는 것은 기자 장 세르비에르의 다음과 같은 욕망에 의해 동기 부여되었다. 공포 분위기를 조성하여 없애 버리고 싶었던 부랑자에게 혐의를 두고 싶은 욕망.

유희나 풍자적 성격이 없는 진지한 변형인 **전환**은 분명히 가장 중요한 하이퍼텍스트적인 실천 중의 하나이다. 형식이나 주제와 관련하여 실제 잡사의 **전환**은 다음을 통해 실행된다.

— 확대(단 하나의 잡사 기사를 바탕으로 한 소설, 단편 혹은 비극): 프랑수아 봉의 《잡사》.

— 변조: 서술적 텍스트들의 극화(미셸 비나베르의 《일상》 혹은 베르나르-마리 콜테스의 《로베르토 쥬코》) 혹은 서술 양태에서 시적 양태로의 이행(초현실주의 시들)을 이끈다.

— 초점 전환(시점의 변화). 예를 들어 남편에게 집중되었던 들라마르 사건에 비하여 여주인공의 시점이 선택된 《보바리 부인》에서 그러하다.

— 배경 전환(transdiégétisation)(역사적·지리적 배경 변화, 등장 인물의 사회적 위치 변화): 잡사에 관련된 개인들의 익명성을 보호하기 위에 거의 필수적이다.

— 주제의 전도: 《테레즈 데케루》(1927)는 욕정의 드라마를 가족 드라마로 변환하였다. 카나비 부인의 재판중 심리에 참석했던 모리아크가 비록 독살 시도의 실패나 프왈러 술 사용, 위조된 처방전, 남편의 태도, 피고를 구한 변호사의 이름인 페이르카브 선생 같은 세부 사항을 유지한다 해도, 그러나 본질

적인 세부 사항은, 즉 동기 부여를 한 애정 행각은 삭제한다. '가족 정신'이라는 굴레에서 질식할 것 같은 느낌이 테레즈의 범죄를 정당화해 주고 있다.

《적과 흑》에서의 전환

스탕달의 《적과 흑》(1830)은 저널적이고 사법적인 기사처럼 읽혀질 수 있는데, 두 개의 잡사, 즉 1829년의 라파르그 사건(자신의 정부를 암살한 가구세공인)과 1827년 12월의 이제르 법정에서 판결된 베르테 사건을 기원으로 삼고 있다. 브랑그의 제철공 아들인 앙투안 베르테는 그 명민함으로 주임신부의 눈에 띄어 신학교에 입학하게 되는데, 건강상의 이유로 신학교를 떠나게 된다. 그는 도시의 유지 미슈 씨 집의 가정교사가 되는데, 거기서 안주인과 바람을 피운다. 남편은 그 젊은 신학생을 집에서 내보낸다. 신학교에 잠깐 머문 후에 베르테는 코르동 씨 집에서 가정교사 자리를 찾는다. 새로운 사랑의 불장난으로 인해 해고되고, 벨레·리옹·그르노블의 신학교에서의 그의 간청이 실패하자 베르테는 미슈 부부에게 책임을 돌린다. 리옹에서 권총 두 자루를 산 뒤 브랑그로 온 그는 교회에서 미슈 부인에게 총을 쏜다. 베르테 사건과 쥘리앵 소렐 이야기의 연관성은 분명하다. 주요 등장 인물들이 정확하게 일치한다. 앙투안 베르테와 쥘리앵 소렐, 미슈 부부와 레날 부부, 코르동 씨와 라 몰 씨, 코르동 양과 마틸드 양은 유사하다. 에피소드들도 거의 변하지 않았다. 두 번의 유혹 시도, 하녀의 고발, 신학교, 교회에서의 살인, 판결, 사형이 똑같다. 비록 소설의 무대가 브랑그에서 베리에르라는 가상적인 소도시로 바뀌고, 벨레와 그르노블은 브장송과 파리로 이동하였지만 말이다. 스탕달의 이야기는 《재판 신보》와 그 당시의 신문에 기록된 사실들에 충실할 뿐만 아니라 잡사의 상징적 의미도 간직하고 있다. 베르테는 부자들에 대한 가난한 자들의 투쟁을 구현한다. "상상 속에서 그는 단지 자신의 재능만으로 이루기 때문에 훨씬 더 영광스럽고 빛나는 미래를 품었다. 브랑그의 제철공 아들은 아마도 막힘없이 쭉 나아가는 모습으로 미래의 자신을 만들었을 것이다"라고 《재판 신보》는 지적했다. 《적과 흑》에서 스탕달은 이러한 사회적 야심을 지적인 계산과 의지의 명령에 따르게 하면서 강렬하게 확대하였다. "나의 범죄는 잔혹합니다. 그리고 그것은 사전에 계획되어졌습니다. 그러므로 나는 죽어 마땅합니다, 배심원 여러분. 그러나 설령 저의 죄가 가벼운 것이었다 할지라도, 그것을 고려하지 않고 저를 처벌하기를 원하는 사람들이 있다는 것을 저는 알고 있습니다. 나를 처벌함으로써 가난에 찌든 하층 계급으로 태어났지만 다행히 좋은 교육을 받아 부유한 사람들이 거만하게 사교계라 부르는 세계에 대담하게 들어가려 하는 하층 계급의 젊은이들을 영원히 실망시키기를 원하는 사람들을 봅니다."(p.437) 라파르그 사건이 구성하는 질투의 드라마 속에서, 스탕달은 살인이 신중을 기한 잔인함과 함께 질서 있고 정확하게 행해졌다는 것

JUSTICE CRIMINELLE.

COUR D'ASSISES DE L'ISÈRE. (Grenoble.)

(Correspondance particulière.)

Accusation d'assassinat, commis par un seminariste dans une église.

C'est le 15 décembre qu'ont commencé les débats de cette cause extraordinaire. Le long travail qu'a dû exiger la relation complète de ces débats, telle quelle va paraître dans la *Gazette des Tribunaux*, expliquera et justifiera suffisamment un retard de quelques jours. Les dépositions des témoins, les réponses de l'accusé, ses explications sur les motifs de son crime, sur les passions dont son âme était dévorée, offriront aux méditations du moraliste une foule de détails pleins d'intérêt, encore inconnus, et que nous ne devions pas sacrifier à une précipitation inutile.

Jamais les avenues de la Cour d'assises n'avaient été assiégées par une foule plus nombreuse. On s'écrasait aux portes de la salle, dont l'accès n'était permis qu'aux personnes pourvues de billets. On devait y parler d'amour, de jalousie et les dames les plus brillantes étaient accourues.

L'accusé est introduit et aussitôt tous les regards se lancent sur lui avec une avide curiosité.

On voit un jeune homme d'une taille au-dessous de la moyenne, mince et d'une complexion délicate; un mouchoir blanc, passé en bandeau sous le menton et noué au-dessus de la tête, rappelle le coup, destiné à lui ôter la vie, et qui n'eut que le cruel résultat de lui laisser entre la mâchoire inférieure et le cou deux balles dont une seule a pu être extraite. Du reste sa mise et ses cheveux sont soignés; sa physionomie est expressive; sa pâleur contraste avec de grands yeux noirs qui portent l'empreinte de la fatigue et de la maladie. Il les promène sur l'appareil qui l'entoure; quelque égarement s'y fait remarquer.

Pendant la lecture de l'acte d'accusation et l'exposé de la cause présenté par M. le procureur-général de Guernon-Ranville, Berthet conserve une attitude immobile. On apprend les faits suivans :

《재판 신보》 발췌문, 1827년 12월 28일자.

에 충격을 받았다.

실제 사건의 관찰이 소설 창작으로 되기까지는 상당한 거리가 있다. 스탕달이 실제 사건에서 출발한다 할지라도 그는 그것들을 새로운 수준의 의미 작용으로 끌어올리고, 보잘것없는 개인을 힘 있는 주인공의 대열로 끌어올리면서 중대한 변환을 가한다. 소설가는 두 사건에 관련된 정보에서 선별을 한다. 사실 쥘리앵 소렐이 라파르그와 베르테의 육체적 자질을 물려받기는 했지만, 베르테는 자신이 위기에 처하자 그의 희생자를 고소하기까지 하는 열정적이지만 무책임한 인물인 반면, 스탕달은 주인공의 지성적이고 의지적인 힘을 강조하기 위해 몇 가지 결점들을 없앤다. 소설의 인물은 나약하고 불평 많고 의기소침한 베르테와는 전혀 다르다. 베르테의 행위에는 철학적 동기가 없다. 잡사의 주인공에 대해 외적인 관점을 부여하는 사법적 기사와는 달리, 소설적 허구는 인물의 주관적 관점을 받아들이고 의식의 흐름으로 연결되는 내적 독백을 따른다. '사소한 진짜 사건'의 점묘법적인 방식을 넘어서서 스탕달은 역사적으로 기록된 정치적 정세와 정확한 사회적 상황을 불확실한 분위기 속에서 그리고자 애썼다. 주인공의 야망을 변호하거나 비난하는 것이 바로 이 불안정성이다.

직접적으로든 암시적으로든 결코 언급되지 않은 베르테 사건은 그렇지만 《적과 흑》에 나타난다. 5장('협상')에서 루이 장렐의 사형을 묘사한 기사의 첫 줄을 신문에서 어렴풋하게나마 알아내는 쥘리앵 소렐의 모습이 연출된다.

기도대 위에서, 쥘리앵은 마치 그에게 읽혀지기 위해서인 것처럼 펼쳐져 있는 신문 한 부분을 발견한다. 그는 그곳에 시선을 고정시킨 채 읽는다.

……일, 브장송에서 있었던 루이 장렐의 사형과 임종의 전말.

신문은 찢어져 있다. 뒷면에는 어떤 줄의 첫 두 단어만을 읽을 수 있었다. 그것은 '첫번째 발걸음'이었다——누가 이 신문을 여기다 놓을 수 있었나? 쥘리앵이 말했다. "불쌍하고 불행한 사람! 그의 이름이 나랑 똑같이 끝나는구나"라고 그는 한숨을 쉬며 덧붙였다……. 그리고 신문을 구겼다. 나오면서 쥘리앵은 성수반 주변으로 피가 흩어져 있는 것을 보았다고 생각했다. 그것은 누군가 뿌렸던 성수였다.

창문을 가린 붉은 커튼이 반사되어 그것을 피처럼 보이게 만들었다.

거울 효과에 의해 부차적이거나 근거 없어 보이는 이 에피소드는, 주요 줄거리를 참조하고 교회라는 성스러운 공간을 배경으로 일어날 피의 범죄를 예견한다. 잡사에의 참고는 인간적 희생의 형상화를 상징적인 측면에서 읽게 한다. 그러나 특히 이 액자 구조를 통해 소설은 그것의 창작 양태를 주제화하고, 그것이 실제 소재의 허구적 전환임을 자인하게 된다.

III

기호의 불확실성에 직면하여

1. 지적이지만 이해할 수 없는 운명

1) 빈틈 있는 텍스트

　신문기자는 사건에 대해 증인과 주모자의 진술을 통해, 혹은 경찰 수사로부터 수집한 단편적인 정보들만을 알고 있을 뿐이다. 일어난 사건에 대한 다양하고 유동적이며 부분적이고 편파적인 지식은 철저하고 충실한 이야기에 도달할 수 없다. 기자는 믿을 수 있는 이야기를 소개하기 위해서 흩어진 정보의 편린들을 모으고 그것들을 연결하고자 애쓴다. 언론은 설명하기 어려운 수수께끼 같은 사건들, 혹은 불확실하며 끝나지 않고 진행중이지만 극적으로 끝날 가능성이 있는 행위들의 많은 예를 제공한다(길 잃은 등반가, 난파를 당한 선원, 유괴된 희생자의 구조, 탈주자 체포 등). 첫번째 경우에 운명은 뚜렷이 나타나지만, 두번째 경우에 운명은 걸려 있고 잠재적 행위는 위기감을 조성한다. 미완의 어떤 사건들(수수께끼, 사람 추적, 구조)은 불명확하게 제시되는데, 이로 인해 독자는 비극이 전개되는 바로 그 순간을 실제로 목격하고 있다는 인상을 받는다. 지드의 《교황청의 지하도》에서, 《코리에르》지는 일등칸 그물 선반에서 상의가 발견된 사건에 관하여 '범죄, 자살…… 혹은 사고' (p.215)라는 표제를 붙인다. 인과 관계는 추측으로 남아 있다. "만약 범죄가 있었다면 꽤 상당한 금액이 희생자의 옷에 남아 있었다는 점이 잘 납득되지 않는다. 그것은 적어도 범죄 동기가 절도는 아니라는 것을 나타내는 것 같다."(p.216) 잡사의 관계는 병렬 관계에 있으며, '방탕한 범죄' '치정 범죄' '정치 범죄' 같은 살인의 종류를 구성하는 시니피에들과는 무관한 시니피앙들의 집적이다. 이해할 수 있는 범주에서 벗어난 분류할 수 없고 명확히 설명되지 않는 살인은 시니피앙의 과잉처럼 보인다.

앙드레 비알의 표현에 따르면, '법정 콩트'에서 모파상은 재판부가 아주 확고한 자료들을 바탕으로 종결지어야만 하는 순간에 집중하기 위해 경찰 조사 자체를 단념하였다. 로잘리 프뤼당의 경우가 그러하다. "이 사건에는 정말로 배심원들도 재판장도 공화국의 검사도 이해할 수 없는 수수께끼가 있었다." (p.699) 만약 그 잡사가 그 자체로 평범하다면('하녀들이 저지른 모든 유아 살해의 일반적인 스토리'), 이야기는 '설명할 수 없는' 문제적 요소에 부딪힌다. 왜 로잘리 프뤼당은 아이를 살해하고 정원에 묻기 전에 외출복을 만들었는가? 드러난 상황들은 진실에 대한 부분적인 지식만을 줄 뿐이다. 《부모 살해

자》에서는 피고인의 고백만이 유일하게 범행 동기를 이해할
수 있게 해준다. "당신은 존속 살해에 대해 말할 것입니다! 나
란 존재가 끔찍한 부담이고 공포이며 불명예스런 오점일 뿐이
어서, 나의 탄생은 재난이고, 나의 삶은 단지 수치스런 위협으
로만 여겼던 그들이 나의 부모인가요?"(p.556)

　외양을 해석하는 이러한 어려움이 지드의 작품 속에 있다.
《중죄 재판소의 추억》(1912)에서, 1912년 루앙의 중죄 재판소
배심원이었던 소설가는 정당한 사유가 있지만 그 동기가 법정
에서 파악되지 못하는 범죄들에 관심을 가졌다. 그는 풍성하
지만 혼란스런 상태인 그 진짜 참고 자료를 비평적으로 해석
하지 않고 있는 그대로 제시할 결심을 한다. 그는 해석 자체를
희생시키더라도 수사에서 나타난 있는 그대로의 순수한 사실
들의 수수께끼를 보고하는 것을 우선시한다. "배심원 벤치에
앉아서 우리는 예수의 말을 되풀이했다. '결코 판단하지 마
라.'"(p.3) 이 그리스도의 말은 1930년 지드가 법원에서 미해
결된 심리적 문제들을 제기한 잡사들을 모아 놓은 모음집의 제
목이 되었다.

　작가들은 순수한 잡사에, 즉 어떤 과학적 범주에도 속하지 않
으며 정신의학이나 법원, 경찰, 의학적인 담론을 거부하는 비
논리적이고 끔찍하며 이름지을 수 없는 범죄에 현혹된다. 잡사
의 침묵은 마르그리트 뒤라스의 작품의 핵심이다. 1954년의
잡사에 영감을 받은 연극 《센 에 우와즈의 육교들》(1960)과 영
화 《영국인 애인》(1969)은 클레르 라네스의 끔찍한 범죄 주변

을 맴돈다. "클레르 라네스는 남편이 책을 읽고 있는 동안 그를 교살했다. 그리고 작은 도끼로 그 시체를 토막냈다. 그 첫번째 조각은 1949년 12월 30일 기차에서 발견되었다"라고 뒤라스는 인터뷰에서 말했다.[1] 작가가 탐구를 시작하게 된 이유는 범죄자의 입장에 대한 설명이 전혀 없었기 때문이다. "나는 클레르 라네스, 이 여자가 누구인지를 찾는다. 클레르 라네스는 범죄를 저질렀다. 그녀는 이 범죄에 대해 어떤 변명도 하지 않았다. 그래서 나는 그녀를 위해 찾는다." 만약 극중의 클레르 라네스가 현실에서처럼 남편을 죽이는 것이 아니라 귀머거리이고 벙어리인 여사촌을 죽인다면, 그것은 이 파악하기 힘든 존재에게 정확하게 질문을 할 수 있기 위해서이다. "왜냐하면 나는 피에르 라네스가 누구인지를 알고 싶었고, 아내에 관한 그의 증언을 듣고 싶었기 때문이다. 나는 그가 일생에 단 한번 모든 사람들로부터 이해받을 수 있도록 관에서 그를 꺼냈다. 그는 희생자만큼이나 귀머거리이고 벙어리였다. 즉 그는 '생각하는' 나이가 되자마자 형식주의라는 조상 대대로의 유산에 의해 질식되어 산송장처럼 살아가는 프랑스 소시민 계급을 나타낸다." 육체의 무감각과 언어의 중지는 불가해한 것에 직면하게 한다. 크리스틴 빌맹이 친아들 그레고리의 살인죄에 대해 '무죄로 추정되어' 감옥에서 나온 날, 뒤라스는 일간지 《리베라시옹》(1985년 7월 17일자)에 '숭고한, 대단히 숭고한 크리

---

1) 〈영국인 애인 L'Amante anglaise〉, 《아방 센》, 1969년 3월 15일자, p.6.

스틴 V' 라는 기사를 썼는데, 이 기사는 논쟁을 불러일으켰다. 작가는 분명 여러 가설들을 발생하게 한 그 사건으로 인해 크게 동요된다. 크리스틴 빌맹은 아이의 죽음과 여론의 집요함으로 인해 이중으로 희생된 한 어머니인가, 아니면 천재적 괴물인가? 기사에서 잡사의 여주인공은 부재한다. 그녀의 얼굴에 대한 묘사와 시선이 부재하는 것 같은 사진을 제외한다면, '크리스틴 V'는 아르트와의 언덕들, '텅 빈 언덕과 인적 없는 길과 아래에 매우 어두운 전나무 숲'의 한가운데 있는 집이 있는 풍경 뒤로, 즉 비극의 장소들에 남겨진 흔적들 뒤로 사라지고 없다. 문제는 수사의 정보들을 포기하고 일의적 관계들의 연쇄를 거부하면서, '범죄의 가장 짙은 어둠의 영역' 한가운데로 침투하는 것이다.

2) 모호한 위상의 텍스트

반드시 잡사를 정의하려고 하는 대신에 그것의 모호성이 속성 자체에 나타나는지를, 그것의 불명확성이 그 기능 양태에 속하는지를 자문해 보는 게 더 바람직할 것이다. 사실 잡사는 수신자의 해석과 예상에서만큼이나 발화자의 의도와 전략에서도 반복과 예측 불가능의 이상한 논리에 의해 구조화되는 것 같다.

소설성과 신화성 사이

실제 잡사는 전개될 사건의 예측 불가능성이 독자의 흥미를
유발시키는 어떤 이야기를 쓸 가능성을 소설가에게 제공한다.
예측할 수 없는 운명이 불쑥 끼어드는 예기치 못한 특이한 상
황 설정과 줄거리의 창작이 우선시될 때, 언급된 사건은 독특
하다는 인상을 준다. 작가는 마치 자신의 이야기가 같은 시각
에 전개되는 것처럼 이야기를 말하는 척한다. "쥘리앵 소렐이
레날 부인에게 총을 쏠 때, 포의 탐정이 모르그 거리의 이중
암살의 범인을 발견할 때, 쟈베트가 장발장에게 은혜를 갚을
때 우리는 극적 반전을 목격하는데, 그것의 예측 불가능성은
창조의 일부분이 되고 미학적으로 가치를 지닌다"라고 움베르
토 에코[2]는 썼다. 잡사와 소설의 등장 인물이 신화적 영웅이
아니라 여느 세상 사람처럼 평범한 인간이기 때문에 그 인물은
예측할 수 없는 것과 파격적인 것에 대한 독자의 취향을 만족
시켜 준다. 그러나 잡사들은 그 다양성에도 불구하고 마치 의
미 작용의 영속적인 자산에서 퍼오는 것처럼 고정된 도식에 따
라 같은 이야기를 되풀이하는 것 같다. 독자는 이미 일어나서
이미 알려진 사건을 극적이고 파란만장하게 이야기하는 것을
듣는 데서 기쁨을 느낀다. 예상된 도착 지점을 지향하는 '질투

---

2) 《슈퍼맨에서 초인까지 *De Superman au surhomme*》, Grasset, pp.116-
117.

의 드라마'에서 독자는 추리 소설이나 연재 소설에 고유한, 에코에 따르면 '중언부언의 서술성'의 이완과 비-이야기의 쾌락을 느낀다. 명확한 집단적 열망을 불러일으키는 잡사의 인물은 잡사를 알아볼 수 있게 하는 상징적 불변 속에 고정되는 경향이 있다. 예측할 수 있는 잡사는 신화적 속성인 보편성을 받아들인다.

기원의 수수께끼

잡사들이 같은 주제를 되풀이하고 뚜렷이 정해진 역할로 미리 설정된 시나리오들을 반복하는 만큼 간텍스트들은 식별하기가 쉽지 않고, 역사적으로 위치시키기도 항상 쉬운 것은 아니다. 알베르 카뮈가 《이방인》에서 말한 다음의 이야기는 계시적인데, 그는 후에 이 이야기에서 희곡 《오해》(1944)의 주제를 차용했다.

어떤 남자가 돈을 벌기 위해 체코의 한 마을을 떠났었다. 25년이 흐른 뒤에 부자가 된 그는 아내와 아이와 함께 돌아왔다. 그의 어머니는 여동생과 함께 고향에서 여관을 운영하고 있었다. 그들을 깜짝 놀라게 해주려고 그는 아내와 아이를 다른 곳에 두고 혼자서 어머니 집에 갔다. 그가 들어섰을 때 어머니는 그를 알아보지 못하였다. 장난삼아 그는 방 하나를 잡았다. 그는 자신의 돈을 보여 주었다. 그날 밤에 어머니와 여동생은 돈을 빼앗기 위해 망치로 그를 죽여 강에 버렸다. 아침에 아내가 찾아와서 여행자의 신분을 밝혔다. 어머니는 목을 매어 죽었고, 여동생은 우물에 빠졌다.(p.124-125)

카뮈는 알제리의 신문에서 읽은 한 잡사에서 영감을 받았다. 민속학자 마리아 코스코에 따르면 그 기사는 1935년 1월 6일자 《뉴욕 타임스》에 다음과 같은 시적 산문과 함께 실렸다. "러시아 소설가의 작품을 연상시키는 한 가족의 비극에 관한 이야기가 언덕 아래에서 우리에게 왔다. 오라비차에서 한 모녀가 자신의 여관에서 손님——그 손님이 아들이고 오빠인 줄 모르고——을 살해하고 금품을 빼앗았다……." 카뮈는 그것을 깨닫지 못했지만 영원한 전설적 주제, 즉 비극적 무관심 혹은 암살당한 아들이라는 주제가 내재된 실제 일화에서 영감을 받았다. 역사가 장-피에르 세겡은 17세기의 임시 신문에서 그것의 흔적을 발견한다. "자신의 친아들을 알아보지 못하고 살해한 아버지나 어머니에 관한 놀랍고 경이로운 이야기. 1618년 10월에 랑그도크 지방의 님므에서 일어남."[3] 18, 19세기에 연극 상연과 잡사의 이야기와 행상 책자, 그리고 노래된 애가는 역할을 변형시키면서 이러한 전설을 계속해서 전할 것이다. 수많은 변화를 거치면서 이 이야기는 현실에서 그것을 구현하는 진

---

3) 《엽기적인 뉴스. 19세기 통속 신문 *Nouvelles à sensations. Canards du XIX* sècle*》, Armand Colin, 1975.

실 효과들 덕분에 매번 진짜인 것처럼 표현된다. 이 신화적 이야기의 도덕적 의미는 대체로 명백하다. 이야기는 명령의 필요성을 상기시키면서 금기를 더 강화시키기 위해 금기를 깬다. 어떤 경우에도 살인하지 말아야 하는데, 왜냐하면 우리는 동포를 죽이게 되기 때문이다. 아들의 살해는 또한 정신분석적 측면에서도 설명될 수 있는데, 예를 들면 조르주 오클레르의 '나쁜 어머니'(p.100)가 불러일으킨 공포의 환상적 투사가 그러한 경우이다.

현실과 허구 사이

실제 잡사와 허구 작품 사이의 대립을 넘어서는 것이 필요하다. 상상 세계와 말을 이용하는 잡사란은 사회의 저주받은 부분의 산발적인 표명으로, 숨겨진 열정의 과도한 표현으로, 일상의 환상적인 연출로 나타난다. 이러한 면에서 잡사란은 명백한 허구적 차원을 포함한다. 마르셀 주앙도가 잡사에서 흥미를 느낀 것은 바로 현실계와 상상계 사이의 이러한 혼돈이다. "[…] 우리가 폭력적이고 요동치는 현실을 아주 따뜻하고 꾸밈없다고 생각하게 되는 그러한 종류의 사건들이 존재하는 이상 어떻게 상상의 소설을, 비록 잘 씌어진 소설이라 해도 읽는 데 시간을 낭비할 수 있는가."(《세 가지 관례적 범죄들》, p.17) 젊은 두 살인자의 이야기를 유년기부터 아주 상세하게 이야기하는 트루만 카포트의 《냉정하게》(1966) 같은 작품에서 현실은 허구를 넘어서는 것 같은 인상을 준다. 카포트가 표현했던 이러한 '실화-소설' '논픽션 소설'에서, 소설가는 6천 페이지의 보고서를 모은 다음 아르칸사스의 농가 살인 사건에 이어 판결과 사형 선고를 언급하면서 잡사의 골격을 만든다. 오늘날 다양한 범죄 사건들 속에서 줄거리를 찾는 것은 《범죄 & 수사》(〈나는 읽었다〉) 혹은 《범죄 스토리》(〈검은 강〉) 같은 새로운 전집을 탄생하게 한다. 이러한 전집은 현실과 허구, 정보와 상상 작품 사이의 혼돈을 이용한다.

　잡사와 문학은 때로 상호 작용을 하기도 한다. 잡사의 여주인공 '진짜 보바리 부인' 이야기는 1890년 루앙의 기자 조르주 뒤보스크가 비극의 장소인 리에 대해 센세이션한 기사 한 편을 썼을 때 다시 한번 세간의 관심을 끌었다. 《루앙 신문》에 발행된 그 기사는 파문을 일으켰고, 수사관들은 소설을 바탕으로 현실을 개편하기 위해 리로 몰려들었다. 허구의 시·공간과 현실의 시·공간 사이의 이상한 관계들이 맺어진다. 그런 이유로 거리 참여가 특징적인 위니테 극단의 《비행기》 공연이 알베르빌의 올림픽 경기로 인해 취소되었다. 실제로 연극적 허구는 프랑스 동부의 항공 참사라는 현실에 의해 비극적으로 따라잡혔다.

3) 다의적 텍스트

사실 잡사는 사회와 그것의 환상 및 공포를 관찰하게끔 하지만 어떤 경우에도 사회학적 사건은 아니다. 즉 잡사는 사회학적 사건처럼 해석할 수 있거나 구성되지는 않는다. 이데올로기적 해석 없이 보고 듣고 읽을 것을 주는 잡사는, 사회적 현실의 충실한 반영으로 여겨질 수 없다. 흔히 불완전하고 수수께끼 같은 이야기인 잡사는 작가인 독자에게 그것의 해석과 연상을 교묘하게 암시하는 공백과 간격 · 암시 · 침묵을 제시한다. 다의적인 잡사는 명확하고 한정된 메시지를 제공하지 않는다. 부조리하고 불균형하며 기묘한 것을 우선시하는 잡사는 세계를 더 불안하게 만드는 자신의 고유한 논리를 세계에 강요한다. 디디에 대냉크스의 《비운의 우체부》에서 수사관 카댕에 의해 수집된 잡사들은(p.25 참조) 의미 작용에서 벗어나는 불확실한 내용의 기호들이고, 등장 인물의 가난과 관련된 모호한 이야기들이다. 명명을 거부하는 모호한 시니피에들로 인해서 잡사는 클로드 레비 스트로스가 마르셀 모스의 《사회학과 인류학》[4] 서문에서 정의한 대로 **마나**(mana)와 유사하다. 즉 "그 자체 속에 의미가 없어서 어떤 의미도 받아들일 수 있는 의미 작용의 불확실한 가치를 표현하기 위한, 수학처럼 명확한 상

---

4) PUF, 1950, p.44.

징"이다.

둘 혹은 여러 가지 독립적인 시리즈들 사이의 만남, 잡사를 구조화하는 우연성은 뭔가를 의미하기를——비록 그 의미가 유보 상태에 있다 하더라도——원하는 것 같다. 그러한 것이 〈잡사의 구조〉에서의 바르트의 관점이다. "우리는 여기 의미의 세계가 아니라 의미 작용의 세계 속에 있다. 이러한 위상은 아마도 형식적 영역인 문학의 위상으로, 그 속에서 의미는 부여되는 동시에 기대를 저버린다. 그리고 잡사가 문학이라는 것은 사실이다. 비록 그 문학의 평판이 나쁘다고 하더라도 말이다."(p.197) 한편으로는 의미와 형식을 연결하고자 애쓰는 사행·의미 작용과, 또 다른 한편으로는 시니피앙 체계의 내용·의미 사이의 변증법이 잡사 속에서 설정된다. 한편으로 잡사는 인과성이 도처에서 무한한 영향력을 발휘하고 있음을 보여주고, 인간과 세계 사이, 가시적인 것과 해독되기를 바라는 비가시적인 것 사이의 무한한 대응 체계가 존재한다는 것을 보여준다. 다른 한편으로 인과성은 끊임없이 기대를 저버리고, 합리적인 것과 독자를 당황스럽게 하는 미지의 것 사이에서 유보되어 있다.

이러한 기호의 불확실성에 직면하여 두 가지 태도가 가능하다. 첫번째는 생각할 수 없는 것을 말하고, 우연·운명·예언·숙명 같은 불확실한 내용의 개념들을 열거하면서 관념적 구조 속에서 정보의 자료들을 구성하는 것이다. 인간적 야망과 계획을 거부하고자 애쓰며 인간적인 것들에 열중하고, 인간을 조롱하거나 기적을 낭비하는 지적인 의도가 작동시킨 비가시적인 장치들에 의해 잡사는 실행될 것이다. 조르주 오클레르는 다음과 같이 '자연스런 사유'와 '부조리의 사유'를 대립시킨다. "보았다시피 실재의 연속체 속에서 자연스런 사유는 '의미효과'를 만들어 내기 위해 불연속적인 요소들을 계속해서 추출한다. 반면에 합리적 사유에 있어서는 불확실하고 우연적인 것만이 있다."(p.71) 실재의 서술이 전파하는 이데올로기와 신화를 거부하고 인간과 자연 사이의 모든 공모를 부정하는 관점에서 본다면, 잡사는 아마도 우연적이고 사소한 사고(事故)로 과소평가될 것이다. 그러나 설명할 수 없는 것에 직면하여 합리적인 논리로는 받아들이기 힘든 그런 종류의 항들 사이를 연결·결합하고, 기이하고 비극적인 사건에 의미를 부여하면서 동시에 그 사건을 시니피앙의 망 속에 가두는 구체적 사유를 통해 본다면 잡사는 더 높은 가치를 부여받을 것이다.

2. 과소평가: 의미의 거부

1) 무동기와 부조리

지드에서 카뮈를 거쳐 로브그리예까지 20세기 작가들은 '동기 없는' 범죄에 매혹된다. 실제 잡사에서 영감을 받은 기상천외한 이야기 속에서 등장 인물들이 이끌려 다니는《교황청의 지하도》는 아메데 플레리스와르를 기차 밖으로 던진 라프카디오의 동기 없는 행동에 관하여 구성된다. 안정적인 설명을 거부함으로써 불안한 공백처럼 인식되는 이 범죄는 등장 인물의 진정성과 자유를 확언하는 것처럼 보인다. 동기의 부재는 라프카디오가 모든 심리적 일관성에서 벗어나도록 하고, 결정론을 무시하게 한다. 그는 사건을 다룰 신문 기사들을 상상하면서 자신의 행위에 '범죄'라는 명명을 거부한다. "범죄! 자신에게는 그 말이 매우 어울리지 않는 것 같았다. 그리고 그와 관련된 그 범죄자라는 단어는 매우 부적절하다. 그는 자신의 취향대로 챙을 올릴 수 있었던 비버털 모자만큼 부드러운 단어, 협잡꾼이라는 단어를 더 좋아했을 것이다."(p.215)《교황청의 지하도》같은 작품에서 드러나는 가치들의 위기는 카뮈의《이방인》(1942)과《오해》(1944)에서 부조리의 개념을 통해 계속된다.《이방인》의 제1부는 뫼르소가 쏜 '불행의 문을 두드린 네 번의 짧은 총격'으로 끝이 나면서 잡사의 다양한 단계를 이야기한다. 마리와 친구 레이몽과 함께 뫼르소는 해변의 끝에 있는 작은 별장에서 살고 있는 마송 부부의 집을 방문한다. 점심식사 후에 세 남자는 여자 문제 때문에 레이몽을 추격해 온 두 명의 아랍인들과 난투극을 벌인다. 뫼르소는 팔에 상처를 입은 레이몽이 권총으로 상대를 쏘려고 하자 이를 제지하며 그에게서 권총을 빼앗고 그를 별장으로 돌아가게 했다. 그러나 혹서에 짓눌린 뫼르소는 신선한 샘물가로 혼자서 가고야 말았다. '끝난 이야기'였는데, 그는 아랍인을 다시 만났다. 태양빛에 뜨거워진 그는 앞으로 한 발자국 나갔고, 아랍인은 칼을 꺼냈다. 그리고 뫼르소는 총을 쏘았다. 정말로 문제는 동기 없는 범죄이다. 상황과 참고 있던 감각과 본능적 반사의 맹목적인 연쇄고리 끝에 뫼르소는 본의 아니게 이유 없는 암살자가 되었다. 일상적이고 무의미한 태도들의 기계적인 전개와 관련된 사소한 원인들이 사람의 죽음이라는 중대한 결과를 초래하였다. 순수한 물질성 속에서 나타난 서술은 의미 작용을 삭제하는데, 그 의미 작용의 문화는 잡사의 발화체에 영향을 미칠 수 있을 것이다. 뫼르소의 행위의 원인에서 드러나는 비논리적인 인과 관계는 인간 조건의 부조리성에 관련되는 것 같다.

알랭 로브그리예의 《고무》(1953)는, 서평 의뢰서에 따르면 "정확하고 구체적이며 본질적인 사건 즉 인간의 죽음을' 이야기하고 있으며, 하나의 잡사처럼 읽혀질 수 있는 소설이다. 실제로 아직 일어나지 않았던 범죄의 조사를 담당하는 왈라스는 일련의 사건들 끝에 그 자신이 최초의 살인을 하기에 이르고, 결국 그가 찾던 살인자가 된다. 오이디푸스 신화의 무의식적 차용에도 불구하고 왈라스의 범죄는 해석의 모든 시도에서 벗어난다. 오이디푸스의 암시는 역설적으로 현대 세계에서 신화들의 의미 있는 영속성에 관한 관념을 표현하는 데 이용된다. 또한 그것은 반대로 인간에 있어 과거에서 물려받은 신화들 혹은 원형들에 몰두하는 것은 불가능하고 무용함을 나타내는 데

사용된다. 로브그리예는 깊이와 의미 작용을 거부한다. 그것은
그가 소포클레스의 비극에서처럼 주인공을 예찬하게 만드는
불행의 여정의 자의성을 거부하는 것과 같다. 《고무》는 자신을
반영하고 짓누르는 신화적 대도시에 직면한 근대인의 운명 없
는 비극이다. 세계와 마찬가지로 로브그리예를 설명하기 위해
잡사는 "의미 있지도 부조리하지도 않다, 그것은 그저 존재할
뿐이다."

2) 잡사의 회복

미셸 푸코가 소개한 《나, 피에르 리비에르는 어머니와 누이 ·
남동생을 죽이고……》의 자료는 어떻게 19세기에 심리학 · 인
체측정학 · 정신의학 · 사회학과 같은 새로운 학문들이 법원으
로 하여금 스스로를 박식하고 정당하다고 생각하도록 만들었
는지를 보여 준다. 부모 살해자는 영웅적인 징벌(혈관 속에 녹
인 납을 넣은 잔혹한 능지처참)을 희망한 반면, 자신이 범죄를
저지르지 않았고 무죄를 선고받았다고 상상함으로써 최초의
정신의학자들에게 있어서 모델 환자가 되었다. 잡사는 사물들
의 질서의 착오처럼 인식되거나, 도덕과 논리를 뒤흔들어서 그
것들을 초월하는 용납하기 힘든 기능 장애처럼 인식되었기 때
문에, 그것은 심리적 · 사회적 · 문화적인 담론에 종속되고 분
류되며 해석되어져야만 한다. 문제는 동기와 행위 사이의 모

호하고 흐릿한 관계를 이해하는 것이며, 또한 정신착란적 요인들이나 요인의 부재에 의미를 주는 것이다.

작가들은 불확실한 내용의 잡사가 의미 작용의 세계를 통과하게끔 하는 사회의 방식을 고발한다. 《교황청의 지하도》에서 라프카디오의 이유 없는 범죄는 하부 조직에서 취해져서 프로토스가 이끄는 범죄자 무리의 이익에 이용된다. 조직된 사회의 그물 속에서 행해진 《이방인》의 뫼르소의 범죄는 소설 2부에서 의미 작용 체계로 잘못 통합된다. "한편으로는 체험된 현실의 일상적이고 비개성적인 흐름이고, 다른 한편으로는 인간 이성과 담론이 구축하는 그러한 현실의 재구성"이라고 사르트르는 《《이방인》 해설》[5]에서 말한다. 부조리성은 세계의 사건들을 개념과 말로 생각할 수 없다는 데서 기인한다. 잡사 속의 무의미한 사건들은 재판중에 만들어진 합리적 전환 속에서 의미를 획득한다. 우연한 간청과 강한 감정들에 의해 촉발된 뫼르소의 태도를 법원은 기이하게도 미리 계획된 행동으로 인식한다. 검사의 논고는 일관성을 갖기 위해, 그리고 이러한 논리에 따라 살인자의 감정을 해석하기 위해 피고의 과거를 재구성한다. 그래서 뫼르소는 살인 때문이 아니라 의심스러운 그의 행적과 어머니의 죽음에 보여 주는 그의 무관심으로 인해 사회로부터 선고를 받는다. 그의 고집스런 침묵이 그가 사형 선고를 받도록 한다. 부조리한 법원은 사실에 닿을 수도, 이해

---

5) 《상황 I *Situations I*》, Gallimard, 1947.

할 수도 없다.

클레르 라네스의 '내적' 경험이 표현했던 우연은 두 가지 과정을 통해 이중으로 부정된다. 즉 한편으로 철도의 '재-교차,' 다른 한편으로 사법권의 '재-조직'이라는 두 가지 과정이다. 희곡의 서문에서부터 녹음된 목소리가 희생자의 몸이 재구성되었다는 사실을 알려 준다. "조사를 지휘한 파리 최초의 기동 분대는 철도 재교차 덕분에 그 시체의 파편들을 우송하는 모든 기차들이——그것들의 목적지가 어디든지간에——하나의 같은 지점을 통과하였다는 것을 발견한다." 두번째로, 질문자에 의해 유도된 사법적 재조직은 클레르 라네스의 무용하고 설명되지 않는 태도에 기능과 의미를 주고자 노력한다. "나는 이 클레르 라네스가 어떤 여자인지, 그리고 왜 그녀가 이 범죄를 저질렀다고 말하는지를 밝히고자 한다"라고 등장 인물이 선언한다. 그래서 조사는 구체적인 형상 · 형태와 관련된 순간과 행위 그 자체에서 범죄의 원인들과 살인자의 인격으로, 달리 말해 담론적 세계로 이동한다. 클레르 라네스의 구멍난 파롤의 틈새와 의미의 구멍을 설명하지 못해서 낙담한 질문자는 광기에 대한 기계론적 견해와 함께, 대화를 결론짓는 기만적이고 쉬운 명백성을 선택한다. 역설적으로 오직 암묵적 발화 내용만이(고백의 불완전성, 좋은 질문의 부재, 마지막 침묵) 범죄 행위가 단순화된 기호들 속에 빠지는 것을 막아 줄 수 있다. 언어적 사행이 부딪치게 되는 육체와 말의 부족은 사실 살육의 수수께끼를 다 파헤치지 못한다. 진실의 순간 이후에 심문은 언어의 영역 속에 인물을 가둔다.

3) 소설의 해체

지드와 카뮈·로브그리예의 작품들은 소설적 재미의 원칙에 따라 지시적 환상을 표명하기 위해 작품 속에 잡사의 모형을 통합한다. 커뮤니케이션의 관점에서 고려된 소설은 사실 그것의 물질적이고 문자적인 기능을 삭제하고 기교적인 것을 감춘다면 비로소 흥미를 끈다. 소설은 잡사처럼 일상적인 것과 동떨어진 기이하고 가공적인 이야기에 의해서만 그러한 재미를 생산할 수 있다. 이야기는 불행이라는 부정적 형태로 표현되는 예기치 않은 사건을 되풀이하면서 전개되기는커녕 잡사 속에 있는 기이한 내용의 잠재된 가능성을 이용하지도 않는다. 반대로 잡사는 그것의 자의성을 고려해서 거리를 두거나 완전히 삭제된다.

만약 지드의 소극이 그 시대의 잡사란에서 발견된 에피소드들을 축적한다면(무정부주의자의 테러, 종교적 사기, 교황에 관한 헛소문), 그것은 그 사건들의 진실임직하지 않은 측면과 이야기 속에서 그것들의 연결의 자의성을 강조하기 위해서이다. 추리 소설과 연재 소설 혹은 연애 신문의 상투적 주제를 되풀이하면서 소설가는 우연성과 사실적이지 않은 것들을 증가시킨다. 예를 들어 보노 일당에게 암시를 준 '지네' 라는 신비한 무리의 행적이나 라프카디오가 두 아이를 구조한 행위 같은 것을 다루고 있다.

그가 바빌론 가를 돌았을 때, 사람들이 뛰어가는 것이 보였다. 우디노 골목길 근처에서 한 무리의 사람들이 아주 이상한 연기가 나는 이층집 앞에 모여 있었다. 그는 빠른 걸음인데도 일부로 천천히 걸으려고 노력했다…….

나의 친구 라프카디오, 당신은 잡사 속에 뛰어들었고 나의 펜은 당신을 버렸습니다. 내가 군중의 토막난 이야기와 고함소리를 쓸 것이라고 기대하지 마십시오…….

라프카디오는 뱀장어처럼 그 무리 속에 들어가 그들을 가로질러 맨 앞줄에 이르렀다. 거기에 가난한 여인이 무릎을 꿇고 울고 있었다.(p.68)

서술은 사건을 준비하는 것을 거부하고, 허구를 있는 그대로 드러내는 순수한 극적 반전을 창조한다. 해체의 과정은 화자 자신에 의해 나타나는데, 화자는 직접 개입을 통해 잡사의 신화학과 영웅주의의 진부한 행동들(외침, 구원자의 무대 등장, 여인의 흐느낌)과 거리를 두고 거꾸로 하위 문학이 전파한 이데올로기, 즉 신의 선의를 취한다. 텍스트는 등장 인물의 자율성에 대한 부조리한 환상을 더 불신시키기 위해 라프카디오가 자발적으로 작가의 통제에서 벗어날 수 있음을 암시한다. 《교황청의 지하도》는 어떻게 소설가가 완전하고 부조리한 자유를 즐기는지를 보여 주면서 모든 소설적인 것의 자의성을 경험하게 한다. 잡사의 진부한 특성은 논증에 핑곗거리를 제공할 뿐이다.

《이방인》에서 체코슬로바키아인 이야기와 관련된 잡사는 이야기와 인물의 개념을 해체시킨다. 줄거리에 선행하고 외적인 이 텍스트는 제식화되지 않은 주관적 담론으로 비평되고, 자신의 진실임직함을 강요하지 않는다.

> 침대의 널빤지와 매트 사이에서 오래되어 노랗게 되고, 거의 천에 붙어 버린 속이 비치는 신문 한 귀퉁이를 발견했다. 어떤 잡사가 실려 있었는데 앞부분은 사라지고 없었지만 아마도 체코슬로바키아에서 일어난 일인 것 같았다. (…) 나는 이 이야기를 수천 번은 읽었을 것이다. 한편으론 그 이야기는 사실 같지가 않고, 또 한편으론 자연스러웠다. 어쨌든 나는 약간은 그 여행객이 그럴 만했다고 생각했고, 절대 장난을 치면 안 된다고 생각했다.(p.124-125)

소설과는 독립적인 체코슬로바키아 남자의 이야기는 텍스트의 나머지와 전혀 상관없이 읽혀질 수 있다. 그러나 소설에 삽입되어 텍스트의 참조 놀이 속에 취해진 그 이야기는 소설의 총체성에 근접하게 된다. 자연스럽지 않은 세 죽음(아들, 어머니, 누이)을 둘러싸고 이루어지는 잡사는 《이방인》의 구성에서도 액자 형식으로 참조된다. 즉 도입부의 어머니의 죽음, 1부

끝부분에서의 아랍인의 살해, 그리고 결말의 뫼르소의 사형이
그러하다. 본래의 의미 배경(시사성, 동시적 시간성)을 벗어난
신문 기사(오래된 신문, 잘려 없어진 기사)는 그 기능에서 벗어
난다. 그 이야기는 거울 놀이를 통해 아들과 어머니 사이의 관
계, 정체성과 놀이의 관계에 관한 문제를 제기한다. 자신의 정
체성을 갖고 게임을 하지만, 어머니에 의해 '이방인'으로 여
겨져 인정되지 못한 체코슬로바키아 남자 이야기는 또한 다중
의 모습을 지닌 분열된 인격의 존재인 뫼르소의 이야기이다.
웃음을 지으려고 애썼지만 '심각한' 모습을 반사하는 투광기
는 이러한 문제적 정체성을 드러낸다. 잡사에서 인물의 모호한
명명, 사건의 불확실한 시·공간적 지정('체코슬로바키아에서
일어났을 것이다'), 불충분한 기사로 인한 인과 관계의 부재('앞
부분이 사라졌다')는 그 비극적 오해에 관한 이야기를 사실인
것처럼 만들지 못한다. 뫼르소 이야기의 변형인 반(反)우화는
사실적 내용의 진실다움을 부인한다. 잡사의 구멍난 이야기는
이야기의 동요를 표시하는 첫 구절을 따라 했다. "그것은 아무
의미도 없다. 아마도 어제였는지도 모른다."(p.9)

　로브그리예의 《고무》에서 줄거리는 잡사의 언급에 따라 열
렸다가 다시 닫힌다. 잡사에서의 희생자는 다니엘 뒤퐁이 아
니라 알베르라고 소설 첫부분에서 밝히는 앙투안은 의기양양
하게 등장하고, 신문이 실제로 인물의 죽음을 알린다.

　— 그러니 너는 장난하기 전에 끝까지 읽는 것에 최선을 다해

라. 그것은 어제와 같은 이야기가 아니다. 그것은 어제 저녁이었다. 그리고 어제는 엊그제였다. 또한 그 위로 총을 쏜 것은 강도가 아니다. 자동차가 보도로 미끄러져 그를 친 것이다. '……트럭의 운전수가 방향을 다시 잡은 후 항구로 도망갔다…….' 그러므로 바보 같은 짓을 하는 대신에 읽어라. 만약 네가 어제와 오늘을 혼동한다면 그것은 더 문제 있다라고 지배인이 말한다.

그는 신문을 돌려 주고 빈 잔을 씻으려고 모은다.

— 너는 누군가 뒤퐁이라는 사내를 매일 저녁 살해한다는 사실을 우리로 하여금 믿게 할 수 없을 것이라고 앙투안이 말한다.

—시장에는 여러 마리의 당나귀가 있다…… 뻐기면서 술꾼이 시작한다…….(p.264)

추리 소설에서처럼 단 하나의 해답을 주거나 줄거리를 결말 짓는 대신, 의미가 빈 잡사는 이야기의 끝에 덫처럼 작용한다. 잡사는 실존의 불연속성(두 잡사, 두 뒤퐁)과 미로 같은 방황을 재현하는 액자 구조화와 반복을 도입하면서, 질서 있고 이해 가능한 세계에 관한 관념에 부합하는 전통적 소설의 선적인 연대기를 파괴하고 이야기를 분해한다. 이중적 잡사의 진부한 성(姓)은 심리학의 부재, 로브그리예의 인물들에 특징적으로 나타나는 '행동의 자유'와 인간성의 부재를 참조한다. 이처럼 아무것도 지시하지 않고 의미하지 않는 잡사는 표현·재현의 가치와 진실다움의 개념을 기초로 한 고전적 문학 교리를 재검토한다. 누보 로망에서 '글쓰기의 모험'은 장 리카르두의 표현에 따른 '모험적 글쓰기'를 능가한다.

3. 초현실주의적 가치

1) 꿈, 광기, 그리고 욕망

초현실주의 그룹에 있어서 꿈과 광기는 욕망과 상상력 같은 존재의 능력들이 육체적 한계에서 자유러워지고, 논리적이고 도덕적 검열을 뛰어넘는 내적 공간을 향해 있다. 기이한 힘을 소유하고 있는 이러한 독자적인 세계들은 또한 잡사의 이야기들의 세계이다. 잡사는 상징화나 전위·압축과 같은 프로이트가 기술한 기제들이 있는 꿈의 이야기와 유사하고, 비극적인 오해나 오인과 같은 성적인 상상에 속하는 의미 작용을 제시함으로써 억압된 욕망들의 무의식적 표현으로서 나타난다. 수수께끼 같은 잡사는 무의식적 지식을 상징화하는데, 그 의도는 의식의 탐지를 벗어나고자 애쓰는 것에 있다. 앙드레 브르통에 따르면 잡사는 일반적 현상에 대립되고, 인간 존재의 숨겨진 진실을 드러내기 위해 법칙에서 벗어난다. 잡사는 무의식에 말을 건네고, 의사 소통의 사회적 필요가 아니라 내적 필요, 즉 신비와 상상에 흠뻑 젖은 자발적 파롤의 필요에 부응하는 언어를 해방시킨다. 일상적인 비합리성의 영역에서 끌어낸 잡사는 예기치 않고 갑작스러운 것에 의해 지배되는 존재의 다양성과 불연속성을 드러낸다. 예를 들어 《전당포》의 〈견고하지 않은 집〉(집의 붕괴) 혹은 《백발의 권총》의 〈기절〉에서 그러하다.

우리는 잊지 않았다.
유괴의 독특한 시도를
별을 잡아라 그러나 아직도 낮이다.
14세의 이 어린 소녀의
네 개 더 많은 손가락들이
승강기에 다시 오르네
나는 마치 그녀가 발가벗은 것처럼 그녀의 젖가슴을 보네
장미나무 위에서 마르는 손수건 같네(…) (p.139)

왜 소설을 비난하던 브르통이 서술적 유혹에 빠지는가? 소설이 인간을 관통하는 모호한 힘을 감추면서 인간과 현실 사이에 여과 장치를 하고 관념적으로 조절된 세계의 비전을 위해 존재하는 반면에, 잡사는 실재와 의식에 잠겨 있던 영역을 드러나게 할 수 있는 새로운 글쓰기를 실천할 수 있게 한다. 〈기절〉에서 잡사의 구조는 세계 속에서 성적인 욕구가 강도 높게 발현되는 어떤 사건의 전개를 허락한다. 자아와 실재의 인식을 빈약하게 하는 세계와 인간 심리에 대한 대단히 합리주의

적인 이해에서 벗어나면서, 잡사에 고유한 비논리의 논리는 정상적인 것과 비정상적인 것, 문명화된 것과 원시적인 것, 실재의 것과 상상적인 것 사이의 모순을 초월한다. 그것은 초현실적인 세계, 즉 실재에 대립되지 않고 상상의 차원을 통합하는 세계를 향해 열려 있다.

범죄 잡사는 항상 초현실주의자들을 동요시키는 힘을 가졌다. 사회적 질서를 어지럽히고 도덕적 규범을 위반하는 스캔들인 범죄와 신을 대리해서 삶과 죽음을 부여하는 암살자는 부르주아적 도덕에 직면하여 재평가되었다. 그것은 사회의 가치들이 성숙한 개성과 열정에 대립시키는 제한들에 대한 적절한 항의의 측면을 나타낸다. 그래서 초현실주의자들이 시간증 환자 베르트랑 중사와 부모 살해자 비올레트 노지에르에 관심을 갖고, 《악시옹 프랑세즈》의 편집 책임자를 권총으로 죽인 게르맨 베르통과 파팽 자매의 애가를 짓는다. 또한 토머스 드 퀸시와 로트레아몽 같은 과거의 작가들에게 중요성을 부여하는 것이다. 그들은 자동 기술법이나 블랙 유머의 풍요함을 실험적으로 증명하면서 잡사의 가치를 높이 평가했다. 브르통은 《블랙 유머 전집》에서 토머스 드 퀸시의 《순수 예술로서의 살인》(1827, 1839)을 인용하였다. 《웨스트모어랜드 가제트》의 편집장이었던 토머스는 규칙적으로 법정의 판결을 해설하여 기고하였다. 블랙 유머는 사회적이고 도덕적인 모든 판결을 제쳐놓음으로써 모든 윤리적 기준에서 벗어나 예술 작품이나 의학적 사례로서 높이 평가되는 범죄 행위의 지적이고 두뇌적일 뿐만 아니라 미학적인 차원을 특권화한다. 이처럼 범죄는 수수께끼, 동기의 불명확함, 성공의 어려움과 폭넓음 같은 기준들에 따라 평가된다. 피살된 인물은 비극에서처럼 연민을 불러일으키기 위해 '덕이 있는 사람'이어야 하며(아리스토텔레스), 추상화를 피하기 위해 대중적이지 않는 인물이어야 하고, 취향의 우아함을 위하여 건강해야만 한다. 그가 어린아이들이 있는 가정을 가졌다면 비장미를 더해 줄 것이다. 로트레아몽의 《말도로르의 노래》에서 초현실주의자들은 자동 기술법의 힘을 확인하게 된다. 기본 원칙인 자동 기술법은 새로운 탐구를 지속하고, 상상력을 자유롭게 하며, 꿈·반수면·최면을 통해 이성으로부터 벗어난다. 악몽 같은 범죄 이야기들로 점철된 로트레아몽 작품은 신, 성적인 금기, 가족이나 교회 같은 제도에 대한 반항이나 위반의 백일몽처럼 보인다. 잡사에 대한 초현실주의자들의 매혹은 외젠 쉬나 모리스 르블랑의 소설들과 특히 마르셀 알랭과 피에르 수베스트르 같은 팡토마스 작가들에 대한 공통된 취향으로 표현된다. 이러한 대중 소설에서 변장과 가장으로 다양한 모습을 보여 주는 범죄자는 비슷하면서도 알아볼 수가 없다. 범죄자는 다른 사람이 되고자 하는, 다르게 살고자 하는 욕망을 구체화하고, 탐정과 경찰이 구현하는 주체·선·법의 지배하에 설립된 규칙들을 무시하려는 욕망을 명확하게 한다. 움베르토 에코는 팡토마스에 대한 매혹에 관하여 다음과 같이 쓴다. "그것은 명확한 사회적 조건들 바깥에서, 그랑 기뇰을 잔혹 연극의 대기실로 만들면서 비합리적인 것을 느닷없이 출현시킨다. 해부대 위의 로트레아몽의 우산처럼 매혹적인 팡토마스는 무동기 행위와 자동 기술법, 편집광적 비평의 지지자들에게 미학적 즐거움을 느끼게 한다."(《슈퍼맨에서 초인까지》, p.115) 단어들의 우연적이고 무동기적이며 우발적인 결합으로 구성된 '멋진 시체'라는 초현실주의적 놀이는 범죄 잡사에 대한 이러한 심취를 보여 주고 있다.

2) 객관적 우연

초현실주의자들에게 있어 잡사는 마치 그 인과 관계가 미지의 힘에 의해 길을 잃은 사건처럼 객관적 우연이라는 현상들의 일반적 범주 속에 들어갈 수 있다. 객관적 우연은 논리로 설명할 수 없는 것이 일어나는 우연과는 달리 예기치 않고 신비한 사건으로 정의된다. 그것은 마치 사물들의 흐름인 '자연적 필요'와 징표나 기호들로 나타나는 욕망의 내적 명령인 '인간적 필요'의 만남 같다. 《광적인 사랑》(1937)에서 그것은 "인간의 무의식 속에 길을 개척하는 외적인 필요의 표현 형식이다."(p.31) 우연에 대한 이러한 이해는 인간과 우주 사이의 자연적 관계들, 즉 예외적인 우연성을 고려하여 다시 생겨난 관계들이 존재한다는 것을 암시한다. 언어 영역에서 작용하는 자동 기술법처럼 객관적 우연은 인간이 추구하는 것에 관해서 인간을 이해시켜 준다. 즉 그것은 '인간이 알고자 원하는 모든 것이 욕망의 문자로 씌어 있는' 그러한 스크린이다. 브르통에게 있어서 잡사는 인간의 욕망들 중의 하나가 드러나게 됨으로써 더욱더 폭로적이다. 그래서 무의미한 것으로 배척되었던 우연적 사건들은 무의식의 또 다른 무대 위에서 작용하는 특혜받은 시니피앙들이 된다. 《광적인 사랑》에서 작가는 자크린과의 산책 도중 느낀 불편함을 언급한다. 그들이 '포르-블로케(아주 막힌)'라는 건물 근처를 걸을 때, 그들 사이에 적대적 거리감이 생겼다. 그들은 한때 "가장 특이하고 가장 그림 같은 범죄 사건"(p.155)을 다룬 극장이었던 로리앙에 돌아와서야 이 사실을 알았는데, 이 장소를 지나쳤을 때 다시 일치감이 되살아났다. 여우 사육사 미셸 앙리오는 1834년 로쉬의 별장에서 자신의 아내를 암살했다. "이처럼 그날 오후 나에게는 너무나 예외적인 비운의 장소였던 두 건물 사이의 공간은 가장 특이한 비극을 상연했었던 예전의 극장 자리인 것으로 밝혀졌다. 모든 것은 마치 내가 해로운 발산, 즉 도덕적 삶의 원칙을 공격하는 발산의 효과를 겪었던 것처럼——나 혼자만은 아니었고, 정확하게 말하자면 한 사람씩 돌아가면서 겪었다——일어났다. 범죄로 인해 그 장소에 저주가 내려졌다는 것을 인정해야만 하는가, 혹은 이미 범죄 속에서 저주의 실현을 보아야만 하는가?"(p.161) 유추나 직관·폭로에 기초한 지식의 양태를 우선시하는 브르통은 연속의 관계를 인과성의 관계로 변환시켰고, 단순한 연대기적 병렬이었던 것을 논리적 연속으로 제시한다. 연인들은 어떤 장소로 가서 그들이 그 장소에서 기대한 것, 즉 그들의 사랑을 훼손시키는 내몰기 힘든 발산을 발견한다. 마술적 관념은 인간으로 하여금 운명이나 숙명에게 참을 수 없는 사건에 대한 책임을 전가하게 한다!

만약 잡사가 본질이나 실체를 표현하지 않고 존재론적 지식으로 이어지지 않는다면, 잡사는 의미 작용과 의미가 존재한다는 것을 드러내는 신호이다. 《나쟈》(1928)에서 브르통이 정한 목표는 그가 누구인지 아는 것이고, 자신의 소명과 운명을 인식하는 것이다. 나쟈 이야기의 서술은 끝난 반면, 책은 사라진 비행기의 은유적 잡사와 함께 끝이 나는데, 그 잡사의 내용을 통해 작품의 초점이 지닌 심각함을 드러내고 있다.

조간 신문은 매일의 소식을 내게 전하는 데 충분할 것이다.

X……, 12월 26일——일 뒤 사블에 있는 무선전신국의 책임을 맡은 통신사가 일요일 저녁 어떤 시간에 모씨에 의해 보내진 메시지의 일부를 포착했다. 메시지는 분명히 다음처럼 말하였다. "뭔가가 잘못되었다." 그러나 그 순간 비행기의 위치는 나타나지 않았다. 아주 나쁜 기상 조건들과 혼선으로 인해 통신사는 다른 어떤 문장도 이해할 수 없었고, 다시 통신을 할 수도 없었다.

"메시지는 6백25미터 파장으로 수신되었다. 한편 통신사는 수신력을 보내면서 **일 뒤 사블** 주위의 반경 80킬로미터 내에 비행기의 위치를 알아낼 수 있다고 믿었다."

아름다움은 **발작적이거나** 존재하지 않을 것이다. (p.190)

실재에서 차용한 미완성 메시지의 참조는 시적이며 실존적인 측면에서 작품 전체의 은유를 구성한다. 사라진 비행기에 관한 잡사는 신호가 중단되고 사라질 수 있다는 것을 의미한다. 활자판으로 강조된 '일 뒤 사블(모래 섬)'의 참조는 한계의 부재, 무한, 침체, 기준·기호의 삭제를 내포한다. 통신사가 붙잡을 수 없는 유령 비행기의 전파를 받은 것과 마찬가지로 아름다움이 보낸 메시지를 염탐하는 인간은 자신의 '심장-지진계' 위에 진동을 기록한다. 이러한 진동은 어떻게 인간과 세상 사이에 충돌이 일어나는지를 보여 준다. 이러한 결함이 있는 최후의 신호는 나쟈처럼 타락한 여자에 의해 발신되는데, 그 메시지 역시 중단되어 이해될 수 없고, 그녀의 독백은 '긴 침묵'으로 인해 '해독 불가능'하게 된다. 마침내 생명적이고 강렬한 동요로서 인식된 미(美)는 '나는 누구인가'라는 중심 문제에 대답을 제공한다. 인간은 세상의 가능한 것들을 받아들일 준비가 된, 미(美)에서 의미를 기대하는 경계 태세의 감시병이다. 미국인 비행사가 지은 '새벽(Dawn)'이란 이름의 비행기는 '배신할 수 없는 신비한 손'을 참고한 것으로 "새벽(LES AUBES)이라는 단어들을 기재한 하늘색 커다란 표지판"(p.182)을 가리킨다. 그는 《나쟈》 도입부에 언급한 "갑작스런 접근, 당황스런 우연성"(p.20)을 세상 속에 들어오게 한다. 글쓰기는 체험된 미의 경험이라는 말로 표현할 수 없는 경험을 말하고, 현실에서 일어나게 하기 위해서 기이한 사건, 잡사의 예측 불가능성을 동원한다.

3) 콜라주와 잡사

신문의 '일면'은 잡다하게 뒤섞인 공간으로서 제시된다. 그 공간에는 장르와 코드가 뒤섞여 있고, 기사와 광고들이 인접해 있으며, 여러 잡다한 종류의 정보들이 서로 모여 있고, 비극적이고 재미있는 어조들이 나란히 있으며, 사진과 그림, 다양한 조판이 퍼즐이나 모자이크·만화경 같은 광경을 만들어낸다. "신문의 페이지는 세기의 다양한 아방가르드들이 끊임없이 목표로 하는 형식을 사용한다. 근대적인 시인·소설가·화가·영화인들이 실험했던 오리기·콜라주·몽타주를 통한 모든 동시주의적 연구들은 오래전부터 신문에 익숙하다"라고 다니엘 그로뇨브스키[6]는 썼다. 초현실주의자들은 신문의 조판, 그 구성과 해체, 질서와 무질서의 혼합에 현혹되었다. 그 혼합은 안정된 지표들을 제거하고 계속해서 흔들리는 인상을 만든다. 잡사처럼 실재에서 차용한 이질적인 부분들을 삽입함으로써 실재에 불연속성과 비일관성의 이미지를 준다. 파괴적이며 창조적인 행위로서 콜라주는 입체파 시의 핵심이다. 예를 들어 아폴리네르의 대화—시, 상드라르의 전보—시, 브라크나 피카소의 콜라주 작품, 소재의 다양성 즉 신문 오리기, 담

---

6) 〈프랑스 수아: 이야기화와 이미지화 *France Soir: la mise en récit et la mise en image*〉, dans 《*Le Français aujourd'hui*》.

배 종이, 어울리지 않는 활자 등이 있는 작품들이 있다. 막스 에른스트의 《선의의 한 주, 혹은 일곱 개의 주요 요소들》(1934) 에서의 콜라주는 날짜가 기록된 평범한 실제 삽화들에 대한 강박증에 의해 만들어진 환시의 고착이다. 문제는 평범한 도상이 불안정하고 위협적이며 끊임없이 변화하는 이상한 세계로 연금술적인 변환을 하는 것이다. 꿈의 작용과 유사한 콜라주의 작용은 검열을 제거하고, 잠재적인 사유로 향하는 명백한 이미지의 역할을 하는 차용된 요소를 제거한다.

초현실주의적 철학 우화 《파리의 농부》(1925)에서 아라공은 라벨, 신문의 발췌문, 작별 편지 등을 붙였다. 문학에는 생소한 이러한 근대적 텍스트의 충격에서 사실주의적 사건이 솟아난다. 어떤 단어·상황·대사는 비현실적 모험의 잠재적 창조주가 된다. 잡사는 기교를 부리지 않는 예술의 이러한 요소들의 일부를 구성하며, 실재와 상상의 통일을 단언하는 유일한 글쓰기를 만들어 낼 수 있는 소설 작품의 재료가 된다. 상형문자로 가득 찬 마술적 장소이며, 인간과 환경 사이의 상응이 이루어지는 곳인 파리의 오페라 거리에 있는 의류와 가방 가게를 묘사하면서, 아라공은 갑자기 랑드뤼 사건을 참고한다.

나는 예민한 실험가인 랑드뤼가 자신의 운명의 신비한 상징들처럼 진열된 짐들 한가운데서 옷을 입어 보고 옷을 맞추었던 곳이 바로 여기였다는 것을 생각하지 않을 수 없었다. (…) 내가 좋아하는 거리의 정확히 이 지점은 분명히 그 사람과 그의 액

잡사 삽화로 만든 막스 에른스트의 콜라주, in 《선의의 한 주 *Une Semaine de bonté*》, 1934. © ADAGP, Paris, 1997.

세서리와 쌍을 이룬다. 그리고 나는 법정에는 이탤릭체로 쓸 수
있는 프로그램이 전혀 없다는 점을 유감스럽게 생각한다.

도시에서처럼 법정에서
랑드뤼 씨는
사교계 재단사의 옷을 입었다. (p.56-57)

　분명 엉뚱해 보이는 간텍스트적 콜라주는 자르는 행위와 연
결하는 행위 사이의 긴장을 이용하는 문학적 의미 작용을 참
고로 한다. 그것은 상상계의 영역으로 향하고 텍스트를 무한
히 다원화하면서 소설적 사실주의의 효과를 무너트린다. 브르
통이 시 작품에서 잡사를 이용한 것은 문학을 재검토하게끔 한
다. 사실 잡사의 콜라주인 〈견고하지 않은 집〉 같은 의사(擬
似)-시는 《지구의 빛》의 저자가 희망한 시의 은밀한 파괴의 시
도를 참조하고 있다. 젊은 레스프와의 구세주로서 기욤 아폴
리네르를 언급한 것은, 그 시인과 근대시에의 그의 공헌에 대
한 경의와 동시에 '새로운 정신'에 대한 거리두기로서 해석될
수 있다.

IV

실재에서 신화로

1. 사실주의의 초월을 향해

우리는 흔히 소설이 재현의 모방적 개념의 결과이고, 실재에 밀착해서 그것을 정확하게 반영하고자 하는 의지의 결과로서 사실주의와 평범한 자연주의라는 점을 비난한다. 진실로 인정되고자 허구인 것을 애써 부인하려는 소설은 글쓰기에 관한 모든 문제 제기를 내버려두고, 형식에 대한 모든 책임을 포기할 것이다. 그러나 아마도 장르로서 소설의 특성인 현실을 총괄하고 말하고자 하는 소명은 세계에 의미와 일관성을 주려고 애쓰면서 세계를 미학적으로 형식화하려는 계획을 방해하지는 않을 것이다. 잡사를 통해 소설은 실재를 그 다양성과 복합성 속에서 이해하고 의문시하고자 애쓰는 탐구적 활동을 시도할 수 있다.

1) 잡사, 문학적 사실주의의 요소

현실을 순간 속에 고정시키는 편린들을 통해 실재를 기록하는 모방적 공간인 신문의 '일면'처럼, 사실적 경향의 소설은 그것이 베끼고 싶은 현실의 모방적 재현을 목표로 한다. 이러한 재현은 지시적 환상에 속하고, 재현의 명령에 종속되는 서술 행위의 원인이 될 텍스트와는 무관한 참조에 대한 믿음이다. 소설 속에서 기교에 속하고, 그래서 서술된 대상의 명료함을 흐리게 할 수 있는 것을 감추기 위해 소설은 진실 효과를 만들어 내고자 애쓴다. 존재하는 일간지들의 암시는, 다시 말해 텍스트 바깥에서 확인될 수 있는 참조는 서술적 사실주의를 강화한다. 소설은 또한 이야기를 매개로 해서 이 참조를 만들어 낼 수 있다. 진짜 기사의 규칙에 부합되도록 신문 기사를 만들어 내는 방식은, 그래서 독자가 알아볼 수 있는 관계들로 실제 사회와 문학적 허구 사이를 엮는다. 잡사는 허구에 진실을 보증해 준다.

마르트 로베르[1]가 제시한 것처럼 소설로서 추리 소설은 다른 예술 형식보다 실제 세계와 더 밀접한 관계를 유지한다. 추리 소설은, 특히 미국과 프랑스 범죄 소설은 사회 세계를 증언하고자 애쓰는 사실주의적 담론의 외형을 띠고 나타난다. 그

---

1) 《독본 *Livre de lectures*》, Grasset, 1977; LGF, 1983.

래서 수수께끼의 해독은 흔히 특정 인간 공동체와 정확한 도시 공간에 대한 연구, 그리고 사회의 정치적·사회-경제적 요소들의 발견을 수반한다. 끊임없이 잡사를 참조하고, 현재 혹은 과거의 역사적 실재 속에 수수께끼를 설치한 것이 실재에 대한 이러한 결정을 증명한다. 현실과 연결된 잡사의 통합은 롤랑 바르트가 '실재 효과'라고 부르는 것을 창조한다. 그것은 우발적이고 하찮으며, 거의 기능이 없는 세부의 묘사나 발화문에 해당되는 것이다. 그러나 그것의 사명은 '진실처럼 만들기,' 즉 어떤 상황이나 인물·장소를 증명하는 진실적인 터치를 가져오는 것이다. 잡사는 추리 소설의 진실성을 보증한다. 모리스 르블랑의 《기암성》의 2장은 들라트르 박사의 납치와 이상한 환자에게 실행한 수술을 보도한 《그랑 저널》의 발췌문들과 연결되어 있는데, '믿겨지지 않는 모험'에 진실성을 주고자 노력한다. 텍스트에서 이탤릭체로 다시 쓴 신문 기사는 ("인쇄에 들어가는 순간, 너무 사실 같지 않아서 우리가 감히 진실성을 보증할 수 없는 소식을 모두에게 전한다") 다음의 서술에 의해 유효해진다. "비록 그 사건이 믿겨지지 않는다 할지라도 그것은 사실이다."[2] 추리 이야기는 진실한 허구라고 주장한다. 그것은 과학에서 자신의 방법을 차용하고 소설적인 것에서 벗어나면서, 논리적 법칙으로 모든 것이 설명되는 객관적 세계를 부여하고자 노력한다. 에드거 앨런 포에서 레오 말레·조르주

---

2) Le Livre de poche, 1964, p.35-36.

시므농·장-파트릭 망셰트를 거쳐 알랭 드무종에 이르기까지, 그들은 잡사의 도움을 받아서 사실적 환상을 이용하고 있다.

정치극의 급진적 형식은, 예를 들어 1920년대 소비에트 연방의 정치 선동극이나 참여극(베트남 전쟁이나 분리 당시의 미국에서 '빵과 인형(Bread and Puppet)'), 더 새로운 잡사와 즉각적이고 예민한 시사 문제를 받아들이면서 일어났던 사건과 보여진 것 사이의 차이를 줄이고자 애쓰는 글쓰기의 이상을 바탕으로 하고 있다. 잡사의 현재가 과거로 바뀐다면, 연극적 상연의 '여기, 지금'과 현실적 지시 대상의 일치는 불가능하다.

2) 실재의 이해와 의문

은유적 현실

역사적 견지에서 실제 잡사는 정보의 가치를 지닌 폭로적인 축소물로서 자주 나타난다. 사회적 현실에서 언뜻 보기에 사소하고 인위적이며 평범한 몇몇 단절된 편린들이 전조로 드러난다. 정치 권력이 지배하는 시간과 공간의 조직하에서, 준비 중인 역사적 변화를 일상적 현실 속에서 읽는 것과 함께 합리적 분석에 벗어나는 새로운 현상들의 출현을 함축적으로 감지하는 것이 가능하다. 19세기초에 가십란의 소재를 제공한 범죄들(존속 살해, 유아 살해, 식인 행위)과 라스네르나 피에르 리비에르·피에쉬의 범죄들은 의미심장한 징후로서 나타난다. 혁명적 투쟁과 제국주의 전쟁 직후에, 이 야만적 행위들은 제도권을 뒤흔들어 고정되고 영원한 권력의 질서 속에 변화를 가져오는 사건으로서 느껴질 수 있다. 미셸 푸코에 따르면, 범죄 이야기는 두 가지 다른 전략을 나타낸다. 한편으론 서술이 일상에 속하면서 사회적 중요성이나 위엄이 결핍된 요소들을 통합한다. 잡사는 민중에 속하는 인물들을 등장시키면서 언뜻 보기에 하찮고 빈번하고 단조로운 사건들을 묘사한다. 그러나 다른 한편으로 서술은 그 사건들 속에서 독특하고 신기하고 기상천외한 점들을 강조한다. "바로 이렇게 해서 이러한 서술이 친숙한 것과 눈에 띄는 것, 일상적인 것과 역사적인 것 사이를 교환하는 역할을 할 수 있을 것이다"라고 푸코는 쓴다.(《나, 피에르 리비에르……》, p.326) 그로부터 여러 가지 결과들이 생겨난다. 우선 모든 사람이 접할 수 있고 옮길 수 있는 그 이야기들의 전달은 구어에서 문어로의 이행을 수반한다. 그리고 최초에는 불확실하기만 했던 정보·소식이 규범에 맞는 세부 사항을 통해 고정된다. 마지막으로 낱장 신문은 이야기, 즉 "강렬하고 자율적인 사건들로 가득한 주인 없는 이야기, 권력의 지배하에 있고 법에 부딪치는 이야기"(p.327)에서 만들어진다. 특권적 사건인 살인은 금지와 복종, 익명과 영웅주의를 연결하면서 권력과 민중의 관계에 대한 문제를 진지하게 제기한다.

1939년 2월에 씌어진 《형리의 사회학》에서 로제 카이유아는 아나톨 데이블레의 죽음에 대한 서술이 사건의 객관적이고 역사적이며 검증 가능한 현실에 관련하여 많은 오류와 모순을 드러낸다는 것을 보여 준다. 반대로 상상적 측면에서 신문이 했던 모든 설명은 "마치 상상력이 같은 도식에 의해 절대적으로 요청되고, 같은 형상에 현혹된다고 느끼는 것처럼"(p.12) 강화된다. 그 결과 통일성은 순수한 사건의 수준이 아니라 형리의 죽음을 주관적으로 비평하는 저널리스트들의 상상력의 수준에 위치한다. "일반적으로 우리는 실재를 약하고 막연한 것으로, 상상을 강하고 명쾌한 것이라고 생각하기를 기대하지 않는다."(p.13) '마지노선의 참호'와 닮은 요새화된 기지라고 한 데이블레 저택의 묘사는 유예된 사회의 무의식을 향하고 있는 저널적 오류처럼 나타날 수 있다. 파트릭 타퀴셀에 따르면, "마지노선은 이 해설에서 예언적이고 은유적 모습을 띠고 있다. 국가 최고권의 가장 특이한 하수인이었던 형리는 사라졌다. 대신에 국가 최고권은 평화로운 마지막 순간을 보냈다."(《통상적 차이》, 《잡사》, p.25) 잡사와 함께 우연적 현실은 신화의 진리와 필요성 뒤로 사라진다. 신문에 관한 카이유아의 결론은 이렇다. "신문은 신화와 그것을 탄생시킨 현실들이 모든 권리와 권력을 잃게 될 만큼 그렇게 완전하게 추상의 힘에 정복되는 사회는 없다는 것을 증명한다."(p.34) 실재의 가장자리에서 행동하는 잡사는 비유적 실존의 파편으로서 집단 무의식 속에서 반향하는 진리를 표명한다.

스탕달과 플로베르의 작품에서 나타난 실재의 문제

스탕달이 베르테와 라파르그 사건에서 특히 관심을 가진 점은, 에너지와 영웅주의가 상류 계급에서 소시민이나 민중 계급으로 이동하는 사회 역사적 현상이다. "파리 사교계의 상류 계급은 강력하고도 지속적으로 느끼는 능력을 상실한 것 같은데 반해, 라파르그 씨처럼 훌륭한 교육을 받았지만 운이 따르지 않아 일을 해야만 하고 실질적 필요와 투쟁해야만 하는 그 젊은이들이 있는 소시민 계층에서 정열은 굉장한 에너지를 펼친다. 노동의 필요성으로 인해 상류 사회가 강요하는 수천 가지 사소한 의무들과, 삶을 위축시키는 보고 느끼는 방식들에서 자유로운 그들은 욕망하는 힘을 잃지 않는다. 왜냐하면 그들은 강력하게 느끼기 때문이다. 아마도 모든 위인들은 지금 라파르그 씨가 속한 계급에서 나올 것이다"라고 스탕달은 《로마의 산책》(1828년 11월 23일)에서 썼다. 작가는 이탈리아인들의 열정과 기질을 프랑스인들의 허영적이고 이해타산적인 야망과 대립시킨다. 그 대단한 두 실제 사건들이 그에게는 프랑스의 사회학적 현실 속에 감춰진 그러한 에너지와 폭력의 징후처럼 보였다. 《아르망스》의 토대가 되는 권태와 무기력의 테마에 이어서 《적과 흑》에서 사회적·정치적 요소들을 통합하는 보다 풍요로운 문제가 제기된다. 피에르 바르베리가 제시한 것처럼(《스탕달에 관하여》) "《적과 흑》의 주인공들은 지배 이데올로기와 실천의 측면에서 소설적 주인공이 아니다. 다시 말해, 독자에게 있어 보상물인 소설의 주인공들의 모험은 현실과 그 모순들을 묵살하도록 도울 수 있는 것이다. 그래서 그들은 자의식을 지닌 주인공들이다." 치정 범죄에 연관된 낭만적 경향을 배제하면서, 스탕달은 동시대의 사회 역사적 현실을 반영하는 갈등들을 표현하는 현대적 비극을 쓰기 위해 잡사를 활용한다.

스탕달처럼 플로베르는 동시대 잡사에서 영감을 얻어 《보바리 부인》을 썼다. 그것은 동방의 명성과는 동떨어진 시골의 평범한 불륜 이야기인 들라마르 사건에 관한 것이다. 플로베르 아버지의 제자인 평범한 보건 장교 외젠 들라마르는 루앙의 기숙사에서 자란 돈 없는 여인 알리스-델핀 쿠튀리에르와 재혼하였다. "예쁘지 않은 조그만 여자" "잘난 체하는" 델핀은, "색광증이고 광적인 낭비벽"을 지니고 있다고 막심 뒤 캉은 그의 《문학적 회상록》(1882)에서 묘사하고 있다. 리에 정착한 그 부부의 행복은 그리 오래 가지 못하였다. 그 여자는 시골의 바람둥이와 사랑에 빠지고, 다음에는 서기에게 몰두하였다. 정부를 부양하느라 빚을 지고는 절망을 이기지 못해 딸아이를 남겨두고 27세의 나이로 음독 자살하였다. 파산하여 절망에 빠진 들라마르 역시 음독 자살하였다. 막심 뒤 캉에 따르면, "평범한 시골의 작은 마을에서 넷 혹 다섯 명의 인물이 등장하는 이 사적인 드라마"를 통해 플로베르는 부르주아 계급에 대한 자신의 격렬한 증오를 표현할 수 있었다. 이 소설은 고정 관념에 따라 생각하는 지배 계급의 어리석음에 대항하는 일종의 무기이다. 그러나 잡사는 또한 모든 범주의 인간에 있어 생경한 경험을 일반화하게 하고, 보편적 진리를 목표로 삼게 한다. 《보바리 부인》은 개인에 의해 구현된 가치와 이상을 인간의 하찮음, 시련, 꿈의 나약함 같은 운명에 대립시킨다. 발자크와 스탕달의 작품에서 잡사는 쥘리앵 소렐처럼 자신의 꿈을 실현시키고 목숨을 끊은 예외적인 성격과 에너지를 지닌 인물을 연출하는 반면, 플로베르는 꿈과 삶 사이의 부조화를 드러내고, 진리나 숭고함이라는 이상과 현실에서의 좌절 사이를 비극적으로 대조하는 것에 머무른다.

모파상과 진실 추구

빅토르 위고(《어느 사형수의 마지막 날》)와 같은 19세기의 많은 작가들처럼 모파상도 실제 사건을 모방하기보다는 범죄의 의미와 범죄자들의 인격에 관해, 그리고 더 일반적으로는 정의와 사회에 관해 자문하고자 애쓴다. 《르 골루아》《질 블라스》《르 피가로》에 2백50건 이상의 기사를 썼던 모파상은, 사회 현상을 이해하고 돈과 가식에 지배당하는 기준을 상실한 세계에 대해 명확한 관점을 부여하며 사건들에 적절한 형식과 색채를 주기 위해서 잡사들을 이용하였다. "기사는 신문과 같은 성격을 지니기 때문에 기자는 사람들보다는 잡사들을 더 집중해서 관찰해야만 한다(…). 게다가 기사는 깊이보다는 특징적인 것을, 묘사보다는 재치를, 일반적인 생각보다는 흥미를 끄는 것을 더 많이 지니고 있어야만 했다."《멋진 친구》(1885)에서, 《라 비 프랑세즈》의 국장 월터가 초대한 기자들의 대화 속에는 범죄 잡사의 현실을 깊이 있게 이해하고자 하는 근심이 드러난다. "우리는 결코 공공 지면에서 다뤄지는 사건들을 가족들끼리 모여 앉아 떠들 듯이 말하지는 않았다. 그러나 우리는 의사들이 환자에 대해, 혹은 과일 장수들이 야채를 말하듯이 말하였다. 우리는 사건들에 대해 분개하거나 놀라지 않았다. 우리는 범죄 그 자체에 대한 절대적 무관심과 직업적 호기심을 갖고서 그것의 심층적이고 비밀스런 원인을 밝히고자 했다. 우리는 행위의 원인을 명확하게 설명하고자 애썼고, 비극을 탄생시킨 모든 두뇌 현상, 특별한 정신 상태의 과학적 결과를 정의하고자 노력했다." 비록 모파상이 주변의 실증주의를 비난하고, 몇몇 자연주의적 확신을 거부한다 하더라도 드러나는 이야기의 시학은 진실을 추구하고 있다. 1885년 12월에 《질 블라스》에서 발표된 단편 《어린 로크》가 한 여자아이의 강간과 암살을 이야기하지만, 존재들이나 사물들을 만족스럽게 설명하기에는 충분치 못하다. 1880년 '그르넬의 괴물' 인 메네스클루의 소송과 사형을 언급하면서 모파상은 한 존재로부터 자유의지를 빼앗고 자신을 상실하게 하는 성도착적이고 강압적인 본능과 손상에 대한 강박 관념을 표현하기 위해 유아 강간이라는 소재를 이용한다. 진실의 탐구는 문제들을 제기하는 데 있는데, 왜냐하면 실재는 이해할 수 없고 인식할 수 없는 것처럼 보이기 때문이다.

현대 소설에서의 잡사

이야기와 밀접한 관련이 있고자 하는 의지, 언뜻 보아 무의미한 잡사에 의미를 부여하고자 하는 욕망은 르 클레지오의 《배회, 그리고 다른 잡사들》, 디디에 대냉크스의 추리 소설 (《비운의 우체부》《가장자리에서》) 혹은 프랑수아 봉의 이야기들 (《잡사》) 같은 다양한 텍스트들에 근접한다. 로브그리예가 사실주의를 표방하면서 작가의 임무는 현실 속에 조직 원리를 도입하려 애쓰지 않고 현실을 옮기는 것이라고 생각하는 것과는 달리, 이 작가들은 시간적이고 역사적인 차원 속에서 세계를 재현하고자 애쓴다. 누보 로망의 반-역사적인 시각과는 반대로 그들이 그리고자 하는 세계는 인간 실존이 모든 의미를 상실하는 그 무언의 세계가 아니다. 르 클레지오는 〈배회〉의 단편들 속에서 사건들을 지배하는 준엄한 논리를 드러내서 이해할 수 있게 하려고 애쓴다. 그는 우연과 운명을 지적인 사회 경제적 필연을 참조하는 명백한 기호들로 바꾼다. 합리화되고 비상식적인 체제의 사회는 소비 사회의 신기루의 희생자들인 푸스와 푸시(〈멋진 인생〉) 같은 가출벽이 있는 사람들을 논리적으로 생산한다. 즉 사회는 도둑들(〈오 도둑이여, 도둑이여, 너의 인생은 무엇인가?〉〈다비드〉) 혹은 감화원의 청소년들(〈오로르 별장〉)과 야만적 '오토바이족' 들(〈아리안〉) 같은 난폭한 범죄자들을 야기한다. 산업화된 나라들의 경제 조직의 톱니바퀴들 속에서 등장 인물들은 어떤 자유도 즐기지 않는다. 〈다비드〉에서 어린 도둑의 운명(감옥으로 간다)은 사회 법률을 어겼던 그의 큰형의 운명을 정확하게 재현한다. 잡사는 사회 균형과 인격 장애에 관한 은유적 조사를 허락한다. 프랑수아 봉의 《잡사》에서 도시 공간의 묘사는 어떻게 도시화가 개인을 타락시키고, 벽과 복도와 길의 미로 속에 개인을 가두어 고립시키며, 자신과 그리고 타인과의 거리를 더 멀어지게 만드는지 보여 준다. 파괴적 행동은 집단적 명증성을 혼란스럽게 하면서 연대감의 부재와 연결되는 사회적 불안을 보여 준다. 인질들의 외침에 아무도 반응하지 않고, 어떤 이웃도 살인을 막기 위해 개입하지 않는다. "어느 밤, 길 위쪽의 그 세 개의 창문 뒤에서 일련의 운명이 다 함께 올 것이고, 다음의 것 외에는 그 어떤 것도 대중의 주의를 환기시키지 않을 것이다. 즉 개인적 시간에 부합되는 폭력적이고 대단한 이야기, 도시와 도로들의 정지된 시간과 연관된 일시적 충돌."(p.14) 그러나 르 클레지오도 봉도 위반이나 살인으로 사회적 소외의 산물을 만드는 전투적인 경향을 따르지는 않는다. 비록 그 소외가 요인들의 결합 속에 포함된다 할지라도 말이다. 나중에 부여된 어떤 의미도 이러한 폭력, "사람들이 그에게 겪게 한 것이 아니라 그 자신도 이해하지 못하는 다른 과정들에서 생겨난 인간 속의 폭력"(《잡사》, p.143)을 결정적으로 설명할 수는 없다.

현대의 '탐정 소설'에서 잡사는 실재를 의심스럽게 하고, 순수한 사실의 스펙터클한 연출 뒤에 가려져 있는 사회와 이데올로기에 연관된 복잡한 현실을 발견하게 하는 '전-텍스트'를 더 많이 구성한다. 잡사(자크 메스린)에 영감을 받은 제라르 르카의 《공공의 적 2호》[3]는 경찰 음모의 구조와 스펙터클 상태 한가운데 있는 권력과 경찰의 관계를 분석한다. "당신의 손 안에 있는 불쌍한 장난감, 바로 그것이 메스지아리이다. 그리고 더 이상 아무도 그에게 관심을 갖지 않는 날, 당신은 심판자의 역할을 남겨두면서 그를 제거해도 괜찮을 것이다……. 당신은 스펙터클의 생산자이고, 당신의 수익은 바로 권력이다." 소외, 인종차별주의, 과학 기술, 부패, 미디어와 관련된 잡사는 추리 소설의 작가들이 사회를 바라보는 사회학적이고 민족학적인 관점에서 매우 풍성한 소재를 제공한다.

3) 실재의 글쓰기와 글쓰기의 현실

만약 우리가 일상적 현실을 정확하게 이해하고자 애쓰는 모든 미학적 계획을 사실주의적이라고 규정지을 수 있다면, 앞서 연구된 작품들에서 순수하게 사실주의적인 글쓰기에 대해 말하기는 어렵다. 사실 실제 잡사에서 영감 얻기를 선택한 것은 19세기 작가들에게서 서정성의 거부를 동반한다. 스탕달이 《재판 신보》의 법률적 문체에 보인 관심은 모호함과 과장에서 벗어나고자 하는 의지를 나타낸다. 만약 1849년 막심 뒤 캉과

---

3) Gallimard, coll. 〈Série Noire〉, 1982.

루이 부이에가 했던 충고에 따라 플로베르가 루이즈 프라디에 이야기와 뒤섞인 들라마르 이야기를 실제적인 주제로 1851년에 선택하였다면, 그것은 낭만적 서정성을 포기하기 위해서이다. 막심 뒤 캉은 자신의 《문학적 회상록》에서 다음과 같이 증언한다. "실제적 주제를, 부르주아의 삶이 잘 드러나는 그 삽화들 중의 하나를, 발자크의 《여사촌 베트》나 《사촌 퐁스》 같은 것을 선택하라. 그리고 주제에 벗어나는 여담은 제거하고, 그것을 자연스런 어조로, 거의 구어체로 말하도록 노력하라." 부르주아적 주제의 선택과 저속함과 진부함이라는 수단의 활용은 그러므로 사실주의의 요구에 부응하는 것이다. 이국적이고 그림같이 멋진 풍경 속에서 우수에 사로잡혀 있는 문학적 여주인공들과는 구별되는, 사기당한 거만한 한 시골 여인이 저지른 간통과 시골은 보편적 경험에 호소한다. 1845년 루앙에서 유명한 독살 사건의 여주인공 라파르쥐 부인을 변호한 재판에서 인용된 들라마르의 이야기에 관심을 보인 것은, 핵심을 말하는 자서전적 무능력에 대한 인식과 연관되어 있다. "이러한 의미에서 보바리는 언젠가 나만이 인식하게 될 금시초문의 힘든 묘기일 것이다. 주제·인물·효과 등 모든 것이 나의 밖에 있다"라고 플로베르는 썼다. 현실에서 혹은 책 속에서, 자신 밖에서 취한다는 것은 자신 속에서는 아무것도 취하지 않고 객관적이 되는 방식이다. 작품을 보편적인 것으로 끌어올리는 대신 특수한 것으로 축소하는 개인적 문학이 지닌 위험에 대비하여, 비개인성의 규칙은 묘사하고자 하는 대상에 거리를 두게 한다. 그러나 《보바리 부인》은 두 가지 모순적인 전제를 드러낸다. 하나는 사실주의적인 것으로, 말로 현실의 색채를 재현하도록 한다. 다른 하나는 이상적으로 형식미에 치중한 경향으로, 문체가 우선시되기를 추구한다. 사실주의의 근거가 될 수 있는 세부 묘사의 기교보다 더 중요한 문체는 형식과 관념을 동시에 담을 것이고, 그래서 현실과 예술을 분리하는 경계선을 지워야만 한다. 1852년 플로베르는 자신이 집필 중인 소설을 "그것이 가능하다면 주제가 거의 눈에 띄지 않는 무에 관한 책(…)"이라고 소개한다. 플로베르가 이야기를 해체하고 소설을 텅 비게 할 수 있었던 것은 바로 무미건조한 주제, 지시 대상, 배경, 인물들의 평범함, 그리고 정확한 사회·지리적 배경 속에 심리적 상황을 제시하는 심리분석 소설의 전형인 발자크적 모델 덕택이다. 실제 잡사는 세계와 문학이 융합된 유토피아적 꿈을 위해서 활용된다. 보들레르는 "가장 낭비되고 가장 진부한 소재, 가장 닳은 크랭크 오르간"에 관한 작품을 썼다는 점에서 플로베르를 칭찬하였다.

위스망스의 《저기》(1891)는 데 제르미와 뒤르탈의 대화로 인위적으로 만들어진 독백으로 시작하는데, 그것은 파격적으로 자연주의 학파의 미학을 거부한다. "그리고 무엇? 그러면 그의 최근 책들을 다시 읽어보아라. 너는 거기서 무엇을 발견하느냐? 조악한 색조의 유리잔 같은 문체, 단순한 일화들, 그리고 신문에서 잘라낸 잡사들 속에는 지루한 콩트와 진부한 이야기들 외에 아무것도 없고, 그것들을 지탱해 주는 인생과 영혼에 관한 어떤 이념적 지주도 없다."(p.34-35) 반대로 창작의 문제에 관해서 뒤르탈은 졸라의 뒤를 따르면서도 "정신주의적 자연주의"가 되고자 애쓰면서 "사실주의의 신경질적이고 충실한 언어, 세부 묘사의 정확성, 자료의 진실성"을 지키고 싶어한다. (p.36) 질 드 레의 이야기를 쓰면서 등장 인물은 시간적 퇴행과 꽉 막힌 미래에 대한 비관적 사색을 시도한다. 《저기》는 중세의 잡사에서 영감을 받은 성찰들과 독서 노트, 그리고 개인적 추억들을 병렬하면서 내적 퍼즐의 요소들을 조정한다. 위스망스 소설 속에서 나타나는 이러한 긴장은 《교황청의 지하도》에서도 존재한다. 지드 소극(sotie)의 구조는 선적이 아니라 방사선적으로, 다시 중심을 잡기 위해 일시적으로 전체의 중심을 흐트러뜨리는 에피소드들의 콜라주처럼 구성된다. 정확하고 다양한 지시 대상을 기술하고 날짜와 장소를 언급함으로써 이야기 속에 모험을 삽입하고, 실제 세계 속에 허구를 심어 준다. 그러나 사실주의적 환상은 허구가 지닌 극적 반전과 전복에 의해, 그리고 잡사를 비현실적으로 만드는 비사실적인 꼭두각시에 의해 불가능해진다. 잡사는 실재 효과를 창조하는 것과는 반대로 텍스트의 허구적 성격을 강조하는 데 도움이 된다. 고전적 소설과 대립하면서 장르들의 교배와 혼합을 요구하는 초현실주의 작가들의 혼성적 텍스트성은 글쓰기를 개작(réécriture)으로 이해하는 것과 관련이 있다.

연극에서 사실주의의 문제는 실질적인 실제 세계를 똑같이 모방했느냐보다는 사회적 현실을 보다 정확히 파악하게 하는 형식을 선택했느냐에 더 관계된다. 70년대 우리가 미셸 도이취나 장-폴 벤젤·미셸 비나베르 등의 작품들을 통합하면서, 소위 '일상극'이라 명명했던 것에서 이러한 모호성이 드러난다. 잡사에 영감을 받거나 시사 문제와 밀접한 관련이 있는 일상적 주제들을 선호하고, 일상 구어체에 근접한 대화를 사용함으로써 허구의 세계가 자율적이라는 인상을 준다. 만약 작가가 소시민의 삶에 대해 이야기하면서 그 평범함과 하찮음으로 인해 배제된 일상을 복권시킨다면, 그는 '삶의 단면'으로서의 자연주의를 피한다. 몽타주의 단절, 어휘의 이상함, 독백의 생소함에 특권을 부여한 글쓰기는 명백한 단순성 속에 결점들을 받아들인다. 희곡은 일관성 있고 명료한 대상으로 주어지는 대신에 관객이나 독자로 하여금 허구로부터 만들어진 특징을 인식해서 불안해하도록 만든다.

많은 현대 소설들이 잡사를 다루는 방식은 미학적 형식들에 관한 연구와 사회·정치·인류학적 해석에 집중되는 특징이 있다. 실재에 관한 너무 사실적이고 평범한 화법을, 존재와 그와 세계와의 관계를 '이해하고자' 애쓰고 고독과 부적응의 고통을 말하고자 애쓰는 진정한 글쓰기로 전환하는 것이 문제이다. 장-파트릭 망셰트나 디디에 대냉크스의 추리 소설들에서 시사성을 증명하고자 하는 의지는 글쓰기 작업과 서술적 창조, 수사학적 허구의 술책을 배제하지 않는다. 단순히 잡사란의 기사가 되는 것과는 달리 추리 소설은 언어에 관한 의문을 받아들인다. 신문 기사들에 부여된 중요성은 어떻게 추리 이야기가 글쓰기 그 자체의 유희에 집중되는지를 보여 준다. 실재는 단순히 기록되는 것이 아니라 중개자와 미디어를 통하여 인지되어서 거리를 두고 놓여진 것이다. "그것은 또한 고전적인 미스터리 이야기가 실제 범죄나 실제 수사의 모방이 아니라, 언어나 글쓰기 기호들의 순수한 놀이임을 나타낸다. 그것은 모리스 르블랑이나 드무종 혹은 브느와 피터의 작품에서 텍스트의 글자 속에 기록된 순수하게 텍스트적인 지표들이 풍성하고, 조사관들이 이런 형태의 정보와 지표들을 좋아한다는 사실에서 증명된다"라고 마크 리츠는 썼다.(op. cit., p.146)

2. 독창성에서 신화의 전형성으로

1) 스펙터클의 거부

많은 작가들은 극적인 것으로 가득한 이야기보다는 암묵적인 내용을 통해 어렴풋이 체험된 현실을 연장하고, 가설을 구상하게 하는 암시적이고 공허한 이야기들을 더 좋아한다. 만약 르 클레지오의 《배회, 그리고 다른 잡사들》의 열한 개의 이야기들이 잡사와 '일반 기사'에 기초해서 이루어졌다면, 그 이야기들은 처음 들어 보는 이상하고 과장된 현실이 아니라 아주 평범한 이야기들을 연출하였다. "고독·억압·부당에 대한 공포와, 그리고 무슨 일이 일어나든간에 사랑과 자유 속에서 황홀한 즐거움을 만나게 될 것이라는 광적이고 헛된 희망이 만들어 낸 모든 인간적 고통이라는 공통 분모를 위하여 사건은 삭제된다"라고 뒷면 표지 텍스트에서 명확하게 밝힌다. 일간지의 단신들에서 효과적인 서술성은 독자에게 깜짝 효과를 주고자 하는 반면에, 《순찰》의 이야기들은 사건들의 과도한 극화를 거부한다. 그것들은 흔히 '열린,' 유보된 결말을 제시한다. 거기서 폭력적이고 예상된 사건은 잠재적이거나(〈오로르 별장〉에서 조건법의 역할, p.132), 미래에 계획된다(〈오 도둑이여, 도둑이여, 너의 인생은 무엇인가?〉, p.234). 스펙터클한 연출을 거부하고, 서스펜스의 효과를 멀리하면서 단편들은 동일한 구조를 지닌다. 극적 상황들의 이중성, 반복, 메아리 현상, 거울 효과들이 이야기를 예측할 수 있게 한다. 〈안의 유희〉의 첫 페이지부터 독자는 등장 인물의 자살이라는 비극적 결말을 말로 표현할 수는 없지만 어렴풋하게 추측할 수 있다. 작가는 사건의 독창성을 강조하기보다는 사건 속에서 더 일반적인 현상을 드러내 주는, 예를 들어 사회적 소외 같은 문제를 추구한다. 바로 이러한 이유로 해서 프랑수아 봉의 《잡사》는 자신의 제목을 부정한다. 그 소설은 언급된 사건의 독창성에 초점을 맞추는 대신에 '침울한, 중간 정도의' 도시 속에 일어난 비개인적이고 평범한 폭력을 강조하고자 노력한다. "단지 그들의 대변인의 상품 가치에 관해, 벽보에 붙은 소녀의 이름에 관해, 혹은 어두운 거리의 피 묻은 칼에 관해 생각하게 하는 구실일 뿐인 그 기상천외한 이야기들 중의 하나가 문제는 아니다. 오히려 문제는 뭔가가 도시 안에서 무너져서 익명의 소수의 선량한 사람들을 회색 군중 속에 고립시킬 때, 우리가 도시의 침묵하는 그러한 가담에 만족해한다는 것이다"(p.13)라고 연출가 역할의 인물이 말한다. 문제는 그가 드러낸 일반적인 현상, 내적이고 사회적인 한계의 허약함, 개인과 사회의 균형을 위협하는 동요들이다. 그래서 특별한 상황들은 폭력이 시작되는 '과정'을 파악하고자 애쓰는 수사보다는 덜 중요하다. '실내극'이라 불리는 일상극은 대단한 정치적 원칙의 관점에서 이야기에 접근하기를 거부하고, 잡사란에서 사소한 이야기들을, 가장 흔하게는 커플 이야기들을 발견한다. 이러한 독특한 일화는 역사적 영역의 총체성을 다시 생각하게 하고, 정치적 영역과 사적인 영역을 함께 보여 주면서 보편적인 것에 이르게 한다.

1820년의 루벨의 사형이나 그레브 광장에서 사형집행인에 의해 실행된 기요틴, 죄수들의 수갑 채우기(13장) 같은 '보여진 것들'에서 탄생된 위고의 《어느 사형수의 마지막 날》은 교수형에 처해질 어느 사형수의 이야기로, 죽음이 임박함에 따른 그의 느낌을 적고 있다. 이 장대한 내적 독백은 최초의 근대 문학 중 하나로 타자와의——사제, 죄수들, 간수, 그리고 그를 '선생님'이라고 부른 사랑하는 딸까지도——소통의 불가능성에 관한 것이다. 글쓰기는 담론의 불가능성과 죽음의 불가해함에 맞서는 것이다. 왜냐하면 이야기는 '필연적으로 미완성으로’ 남을 것이기 때문이다. ‘죽어가는 이의 생각의 보고서’가 판결을 내린 사람들에게 교훈을 줄 수 있다는 희망을 가져라. 위고의 작품의 독창성은 계몽적 설명(사형 철폐 옹호)과 ‘자서전적’ 글쓰기 사이의 조화를 찾았다는 데 있다. 범죄 이야기를 하지 않으면서 위고는 길이가 각각 다른 49장의 글 속에서 주관성과 객관성을 신기하게 뒤섞어, 자신의 최후의 환상과 사유와 관찰을 알리는 ‘비참한’ 한 인간의 목소리를 듣게 하기 위해 그의 소설에서 모든 극적인 요소들을 제거하였다. 1832년의 서문에서 작가는 “어떤 범죄로 인해 어떤 날 사행된 어떤 사형수의 입장을 변호”하기 위해 “사소한 것, 우연적인 것, 특수한 것, 특별한 것, 변경 가능한 것, 에피소드, 일화, 사건, 고유명사를 그 주제의 모든 부분에서 제거”해야만 했었음을 밝혔다. 반소설인 그 텍스트는 줄거리·심리학·서정성을 거부하고, 미완성에 열중한다. 왜냐하면 이야기는 정지된 문장과 시간 묘사(‘4시’)에서 멈췄기 때문이다. 독자는 사형수 화자의 이야기, 저지른 범죄의 속성, 징후로 보아 주제에서 벗어난 듯한 ‘내 이야기’라는 제목의 제47장을 모른다. 만약 이 ‘나’가 익명으로 지속된다면, 그것은 현재의 그리고 다가올 모든 사형수들과 죽음에 근접한 일반적 인간, 즉 우리 자신과 유사하기 때문이다. ‘특이한’ 이야기의 파격적인 차원은 그것의 전형보다는 덜 중요하다.

2) 신화 이야기로서의 잡사

신문의 시사란들처럼 잡사란의 오래된 이야기들은 보편적인 신화적 기반 위에 세워진 인상을 준다. 잡사의 주인공들은 흔히 질투와 분노에 사로잡혀 인간의 법률을 어기는 신화 속 인물들을 언급한다. 신화는 그러한 세속적 이야기들에, 즉 최초의 불변의 시간을 드러내기 위해 세속적이고 역사적이며 미래로 향하는 시간에서 벗어나게 하는 금시초문의 그 이야기들에 잘 들어맞는다. "신화의 역할은 이야기처럼 말하는 것보다 음악처럼 되풀이하는 것 같다"라고 《상상력의 인류학적 구조》[4]에서 질베르 뒤랑은 썼다. 잡사는 선적이고 점진적인 역사적 시간과 반복적이고 순환적인 신화적 시간 사이의 긴장을 이용한다. 한편으로 잡사는 예측할 수도 돌이킬 수도 없는 사건들의 연속으로서 체험되고, 또 한편으로는 미리 정해진 리듬을 쫓는 근원적 사건들의 반복 위에 세워진 순환처럼 인식된다. 사건들은 영속적인 구조를 형성하면서 과거·현재·미래에 동시에 연관되는 것 같다. 미셸 비나베르의 《일상》에서, 잡사는 그 고유한 법칙을 지닌 신화와 작용 법칙을 지닌 현대 세계의 객관적 현재를 교차하게 하는 이중적 구조화 방식을 제공한다. 잡사를 통해 사회·역사적으로 참여하는 비나베르의 연극은

---

4) PUF, 1963.

자본주의와 식인 풍습 사이에 존재하는 관계들에 흥미를 가진다. 작품의 힘은 물질적 식인 풍습과 상징적 식인 풍습 사이의, 생존자들의 생존 본능과 간부들의 모험심 사이의 모든 거리를 없애는 데 있다. 희곡의 일곱 '부분'들 중 두번째부터, 식인 식사 중에 시체들에 대한 육체적 식탐은 후지스 기업과 로버트 램 사장의 계획들에 관한 생생한 토론들과 공존한다. 식인 식사는 빈곤에 시달리는 나라들의 피를 빨아먹고 그 자신의 직원들을 뜯어먹는 끔찍한 레비아탄, 즉 경제 기업의 은유가 되었다. 몽타주와 충돌이라는 수단을 통해 희곡은 자연과 문화 사이의, 야생적인 것과 문화적인 것 사이의, 날것과 익힌 것 사이의 경계를 없앤다. 이처럼 현재 이야기에의 접근, 사회 경제적 상황의 구체적 분석은 보편적 식탐의 신화, 인간의 음식을 억압하는 금기라는 신화적 기반에 의거한다. 그 다의적 어휘가 반복처럼 즉각적 순간을, 회귀처럼 순간성을 참고한다는 의미에서 우리는 '일상' 극에 대해 말할 수 있다.

실재의 모호함이 요구하는 설명을 제시하면서 신화는 행동의 모형들을 제시하고 실존의 이해 가능 원칙을 구성한다. 의사 소통의 모든 거짓들에 대항하는 진실한 파롤인 신화는 해석되고, 다시 활성화되는 것이 필요하다. 그것은 로고스, 추론적 담론에 대립되는 것으로 상징과 원형의 역동적인 체계를 바탕으로 구성되면서 비합리적인 것과 직관에 특권을 부여한다. 이러한 잡사의 신화적 차원은 《이방인》에서 나타난다. 아랍인의 살인 이야기는 신화의 극적이고 비극적인 세계, 필연의 세계와 소설의 세계, 우발성과 우연성의 세계를 겹쳐 놓는다. "나는 단지 내 이마 위에서 울리는 태양의 심벌즈와, 그리고 분명치 않게 여전히 내 앞에 있는 칼에서 뿜어나오는 번쩍이는 검만을 느낀다."(p.94-95) 태양(죽음·운명·정의)과 바다(육체·욕망·사랑)의 상징에 관한 살인 장면의 이중적 독서가 가능하다. 사실적 독서는 잡사의 허구 속에서 아랍인을 죽인 일사병의 희생자인 한 남자의 이야기를 볼 것이다. 그러나 서술은 환상과 신화를 요구하는 또 다른 독서를 암시한다. 그의 자유를 빼앗는 운명의 가혹한 힘을 피하기 위해 한 남자는 태양, 드러내고 판단하는 그 빛을 향해 쏜다. 그는 사회와 세상의 보호 속에서 자신의 욕망을 지니고 물속에서 살고자 하는 그 소망을 실현시키고 싶어한다. 반대로 로브그리예의 《고무》에서 오이디푸스적 영향을 지닌 잡사의 이용은 신화의 신성성을 제거하고자 하는, 신화를 유희적 놀이에 참여시키기 위해 그 근엄성을 없애고자 하는 욕망에 부응한다.

신화와 잡사는 수신자에 대해 갖는 즉각적 영향에 의해서도 또한 정의된다. 극화, 이야기의 감정적 채색, 독자의 상상 세계에 대한 영향력 등은 그것들이 발휘하는 매혹을 설명해 준다. 만약 동 쥐앙을 쓰고자 하는 플로베르가 하찮은 기본 소재, 들라마르 사건을 채택한다면, 그것은 소위 강요된 일화가 심오한 계획에 일치하였기 때문이다. 잘못 결혼한 여자의 강박 관념은 외적 주제가 되기는커녕 《감정 교육》과, 특히 《도덕과 정열》에서 드러나듯이 작가의 개인적 신화인 것 같다. 1837년 16

세의 나이에 플로베르는 사실상 《재판 신보》와 《루앙 신문》을 통해 읽은 잡사를 단편의 주제로 선택하였다. 그 단편은 미국에 있는 정부에게 가기 위해 남편과 아이들을 독살한 한 여인의 이야기이다. 그녀가 배를 탔을 때 난폭하고 파렴치한 정부로부터 결별의 편지가 도착했고, 그녀는 자살하였다. 플로베르는 관점을 뒤집었다. 잡사에서는 여자가 그 끔찍한 범죄의 모든 책임자였던 반면, 소설에서는 비난받기보다는 동정받을 만한 사랑과 열정의 희생자로 그려졌다.

3) 르 클레지오의 비극적 글쓰기

잡사가 닫힌 구조를 나타내는 반면에, 〈배회〉의 단편들은 열려 있는 이중적 움직임을 드러낸다. 개인들의 내면과 그들의 비밀스런 성격, 감정, 느낌을 이해하는 것뿐만 아니라 인간과 타인, 사회, 세계와의 관계를 연구하는 것 역시 문제가 된다. 사건을 포기한 서술은 반사회성이나 소외성에 관한 문제를 제기하면서 개인과 사회 공동체를 분리시키는 것에 대해 말하고자 애쓴다. 그것은 또한 존재를 세상·자연·타자(박애·사랑)와 깊이 있게 연결하는 것이 무엇인지를 밝히고자 애쓴다. 추억이나 꿈, 신화의 측면에서 통합의 욕망은 실재의 영역에서 사회적 소외에 대응한다. 인물들은 그들이 존경과 박애를 알았던, 그리고 자연과의 조화롭고 근원적인 조화가 아직 깨지지 않았던 행복한 시간에 대한 향수를 경험한다. 〈도망자〉에서 목동이 고향에서 누렸던 과거의 행복은 망명으로 인해 범죄자가 된 탈옥수로서의 현재의 고통과 대조된다.

르 클레지오 단편들의 의미는 말해진 이야기 속에서보다는 오히려 글쓰기 자체에서 찾아야만 한다. 축소된 서술적 중심을 바탕으로 한 의미 작용은 텍스트의 반복적 구조 덕분에 밀도 있게 된다. 같은 사건들의 재현, 괴물 같은 기계의 출현(자동차, 오토바이, 크레인, 불도저 등) 같은 의미적·테마적 망의 출현, 의미를 조정하는 반복적 모티프들의 변이(〈배회〉에서의 빛, 〈아리안〉에서의 실명과 시선의 부재 테마) 등은 잡사의 의미 작용을 풍부하게 한다. 한편 함축적으로 머물고자 하는 결심은 의미를 반향하게 하는 것을 목표로 하는 암묵적 발화의 미학에 이른다. 텍스트는 전체성에 관련하여 의미를 갖는 세부 사항들, 지표들 덕분에 암시한다. 〈안의 유희〉에서 과거를 언급하기 위해 현재를 사용함으로써 그 여자의 사고 이후부터 시간이 멈춰 버린 인물의 자살을 예고한다. 만약 우리가 텍스트 내에서의 지표와 요소들의 전체적 배열에 민감한, 보다 배치적인 독서에 적합한 줄거리의 추구와 연대기적 순서에서 자유로워진다면, 비극적 통과 여정을 그리는 텍스트적 질서가 나타날 것이다.

〈배회〉에서 나타난 하찮은 절도죄와 운명이 내린 지나친 징벌 사이의 대조는 전혀 놀랄 것이 없다. 진정한 위기인 최초의 균형을 깨트리는 사건은 마르틴이 저지른 도둑질이 아니라 티티의 친구가 했던 제안, 즉 그룹 속에 들어가기 위한 일종의 통과 의례이다. 그때부터 인물의 죽음은 더 이상 우연적인 것이 아니라 인물 그 자신이 인식한 비극적 필연성의 속성을 띤다. "그녀는 거리가 정말로 텅 비어 있지 않음을, 모든 것은 예정되었음을 깨달았다(…)."(p.16) '미친 짐승'과 트럭의 신화적 비교와 '기계'라는 어휘는 비극적인 의미를 내포하고, 비극 극작법의 '지옥의 기계'와 운명을 참조한다. 소설의 대단원에서 '번쩍이는 빛을 내는' 손가방의 금빛 금속 고리쇠는 《이방인》의 살인 장면에 나오는 태양 신화를 참조한 것 같다. 하찮은 사물이 운명의 신화적 도구가 된다. 〈배회〉에서 잡사는 보편적 의미 작용을 획득한다. 그것은 유년 세계에서 성인 세계로의 고통스럽고 비극적인 이행을 나타내는 불안한 입문의 이야기이다.

간텍스트적 관계(소설 〈아리안〉과 라신의 〈페드르〉)를 나타나게 하는 참고들과 암시들은 텍스트를 메아리의 방으로 변환한다. 존재와 동물과 사물 사이의 유사성을 창조하는 은유와 비교를 통해 언어를 초월하는 르 클레지오의 글쓰기는 특수한 것에서 보편적인 것으로 향상되기를, 실재에서 상징과 신화의 차원으로 이행하기를 원하는 것 같다. 독특한 이야기들은 그리스 신화(〈아리안〉에서의 미노타우로스와 미로, 〈오로르 별장〉에서 우라노스, 〈멋진 인생〉에서의 아마존), 혹은 성서(에덴 동산, 〈몰로크〉에서 아이의 희생이라는 테마, 〈다비드〉에서 거인 골리앗에 대항한 싸움) 등에 의거해서 해석될 수 있다. 그래서 소설은 독자의 상징적 해석을 요구하는 우화나 콩트를 지향한다.

3. 범죄의 신화

1) 범죄의 무의식과 상상

　과거의 위대한 모형들을 반복하는 인상을 주는 범죄 잡사들은 전형성의 세계에 포함된다. 세상의 이면에 관한 신화 혹은 검은 가치들에 대한 매혹으로 인해 살인 행위는 고대를 다시 구현하게 되는 것 같다. 범죄와 함께 상상은 현실을 차지하고, 규범을 넘어서며, 삶과 우연의 힘을 문제삼는 경험의 불확실함과 애매함을 강화시키기 위해 수용된 한계를 넘어선다. 코난 도일(《4인의 서명》, 1889) 혹은 브람 스토커──드라큘라가 등장하는 문학적 은유를 썼다──같은 작가들이 살인자 잭에 대해 갖는 매혹은 정체성에 대한 갖가지 환상을 불러일으키는 살인자의 익명성 및 별명과 관계가 있을 뿐만 아니라, 사디즘적이고 성적인 충동을 폭발시키고 명백한 동기가 부재한다는 사실과도 관련이 있다. 가장 끔찍하고 가장 미스터리한 범죄들은 가장 크게 상상력을 폭발시킨다. 미셸 레리스는 '피 흘리는 이야기들' (《지우기》, p.155)에 대해 놀라울 정도로 매혹되었다고 고백하였다. 신성하면서도 매혹과 혐오를 동시에 불러일으키는 피는 일상적 현실과는 다른 수준으로 향상된다. 유혈은 사람들의 이목을 끌면서 비극의 신성함을 열망하는 세속적 사건이다. 흐르는 피는 가장 끔찍하고 위험하며 신기하고 폭력적인 비밀들을 진실하게 드러내면서 죽음의 서막이 되고, 존재의 디오니소스적 힘을 표현한다. 레리스에 따르면, 신문의 측면은 "강렬한 색깔들의 이미지들"로 피를 모방하는데, "흔히는 붉은 피가 나타난다. 마치 이처럼 묘사된 사실이 최종 진리로 인정되기 위해서는 우리 살의 내부가 담겨진 액체가 백일하에 드러나는 것이 거의 반드시 언급되어져야만 하는 것 같다."(같은 책, p.134)

　범죄 잡사는 무의식의 수수께끼적 진리로 통하는 일종의 정신분석적 이야기와 닮아 있다. 살인 행위는 감춰진 욕망의 표현처럼 나타나고, 희생자의 시체는 리비도적 장면의 흔적들이 깊은 불안 속에서 뚜렷이 드러나는 하얀 종이 같다. 《시대의 힘》에서 시몬 드 보부아르는 범죄 잡사의 영향을 드러내는 하나의 모순을 고백한다. 그녀와 사르트르는 무의식의 실존을 부정하였지만, 지드나 초현실주의자들 혹은 심지어 프로이트에 대해 다음을 인정하였다. "모든 존재 속에는 '깨지지 않는 어둠의 중심,' 즉 사회적 관례나 언어의 일반적 논거를 뚫지는 못하지만 때때로 굉장하게 폭발하는 어떤 것이 존재한다." (p.135) 마르그리트 뒤라스의 세계 속에서 범죄는 이러한 정신분석적 측면을 제시한다. 《영국인 애인》은 단어와 기호들의 언어에 대하여 제스처의 우위성을 암시하는 것 같다. 귀머거리이고 벙어리인 여자 사촌을 뚜렷한 이유 없이 죽여서 토막낸 클레르 라네스의 잔인 무도한 살육은 가식적인 외양 아래에 감춰진 존재의 진실을 말하는 데 있어서, 그리고 무의식을 표현하는 데 있어 메마르고 닳아빠진 파롤보다 더 적합하다. 이 범죄는 원초적 장면의 환상에 관련하여 의미를 갖는 것 같다. 파괴와 분할의 욕구가 투사된 마리-테레즈 부스케의 육체는 어머니의 육체, 즉 그녀를 삼켜 버릴 위험이 있는 분신의 증오받은 육체와 동일시될 수 있다. 마찬가지로 뒤라스는 어린 그레고리 사건에 대해 쓴 그녀의 기사에서 현실적 차원이 아니라 신화적 차원에 위치한 여인들의 상황에 관한 진실을 전하였다. 가능한 모든 형상화들에 선재하는 크리스틴 빌맹은 신화의 고갈되지 않는 풍부함을 갖고 있다. 기사의 제목에서 반복되는 형용사('숭고한, 반드시 숭고한')는 범죄를 비극적 차원으로 승격시킨다. "크리스틴 빌맹이 죄인일 수 있을 것이다. 그러나 거기에는 심오한 진실, 매일의 일상 속에서 남자들의 학대와 아이에 대한 근심과 권태에 직면해 있는 여인들이 처한 상황에서 오는 심오한 진실이 있다. 기사의 많은 문장들에서 동사는, 이미 《트럭》에서 했던 것처럼 전미래와 조건법으로 변화하였다. 《트럭》에서 '오샹의 마돈나' '대형 상점의 마돈나'는 파리 교외에 사는 여인들이 처한 삶의 첫번째 원형이 되었다(…)"라고 알리에트 아르멜은 썼다.[5]

2) 몇 가지 신화적 범죄들

질 드 레의 유아 살해

잔 다르크의 동료인 질 드 레는 정치 반역, 동성애, 절도, 유아 살해 및 마법과 연금술 시행으로 고소되어 1440년 10월 26일 낭트에서 화형되었다. 티포쥐의 음울한 성주에 대한 신화는 17세기 페로의 우화 《바르브 블루》에 영향을 미친다. 그 사건을 완벽하게 알고 있는 사드 후작은 18세기에 질 드 레를 사악한 식인귀, 괴물 같은 소아성애도착자, 변태 성욕의 상징으로서 표현한다. 그러한 것이 우리가 19,20세기의 소설들과 역사적 작품 속에서 발견하는 이미지이다. 위스망스의 《저기》에서 질 드 레는 신과 사탄의 투쟁, 그리고 중세를 상징한다. "눈물로 흐려지고 나직해진 목소리로 그는 자신이 저지른 아이 유괴와 흉측한 계략들, 추잡한 흥분, 격렬한 살인, 냉정한 절도 행각을 이야기했다. 그는 희생자들의 시선에 강박적으로 사로잡혀 그들의 늦춰진 혹은 앞당겨진 단말마, 그들의 애원과 헐떡임을 묘사하였다. 그는 미지근하고 탄력적인 장기들 속에 뒹굴었음을 고백하였다. 또한 그가 잘 익은 과일처럼 벌어져 넓

---

5) 《마르그리트 뒤라스와 자서전 *Marguerite Duras et l'Autobiographie*》, Le Castor astral, 1990, p.152-153.

게 찢긴 부위를 통해 심장을 꺼냈음을 고백하였다."(p.232) 은
유와 비유의 과잉, 단어들의 의미 전환, 변화 반복법을 통해 강
조된 도치들은 검은 신비주의로 이목을 집중시키기 위해, 그
리고 사탄에 제공된 체계적인 도치를 글쓰기 유희로 드러내기
위해 예상된 순서를 해체시킨다. 20세기 조르주 바타유에 있
어서 질 드 레는 죽음과 같은 절대적인 힘을 향해 내민 주체를
표현한다. 그 가능성들의(희생·벌·범죄·도취·황홀 등) 극단
에서 게임을 하고 있는 주체는 자신의 금과 그가 죽인 아이들
의 옷을 불태우고, 연금술의 화덕 속에 금속을 불태우며, 장작
더미 위에 자신도 태우면서 주어진 한계를 넘어선다. 신화적
범죄자의 최근 화신인 미셸 투르니에의 《마왕》(1970)에 등장
하는 식인귀 티포쥐는 매혹되면서 동시에 거부하는 신성의 양
면성을 나타낸다.

비올레트 노지에르의 존속 살해

1933년 18세의 비올레트 노지에르는 그녀의 부모를 독살한
죄로 고소되었다. 그녀는 아버지가 그녀에게 범한 근친상간을
내세워 자신을 변호하였다. 그 사건은 충격적이었고, 1934년
재판이 진행되는 중에는 격렬하게 여론이 분열되었다. 반동적
언론이 그녀가 너무 방탕한 애정 생활을 했다고 흥분한 반면,
초현실주의자들은 소녀의 죄를 벌하는 보수적인 사회와 판사
들의 위선을 표명하기 위해 개입하였다. 서정성으로 가득 찬

공동 팸플릿에서 초현실주의 시인들(브르통·샤르·엘뤼아르·
페레·모리스 앙리)과 화가들(벨머·달리·탕기·자코메티·마그
리트)은 부르주아 가족과 사회적 위선, 도덕적 질서의 희생자
인 그 소녀의 편을 들어 주었다. 엘뤼아르는 시의 결구에서 비
올레트로 인해 해체된 "혈연 관계의 끔찍한 뱀 똬리"라고 이야
기하였다. 앙드레 브르통은 〈비올레트 노지에르〉(1933)에서 사
회적·도덕적 비판에 몰두하면서 그 잡사를 신화의 대열로 ("너
는 더 이상 살아 있는 그 누구도, 죽은 누구와도 닮지 않았다/완
전하게 신화적인") 치켜세웠다.

> 역사는 말할 것이다
> 노지에르 씨는 선견지명이 있었다고
> 그가 16만 5천 프랑을 절약했기 때문만이 아니라
> 우리가 정신분석적으로 풀 수 있는 프로그램 제1부에 놓일 이
> 름을 그의 딸로 정하였기 때문에 더욱 그러하다
> 머리맡의 서가, 즉 머리맡 탁자는
> 단지 삽화로서의 가치만을 가질 뿐이다. (p.152)

파팽 자매의 범죄

1933년 2월 2일 르망에서, 어머니로 인해 가정부가 된 레아
파팽과 크리스틴 파팽이 그들의 주인 여자를 살해하였다. 수
도원에서 자란 헌신적이고 순종적인 하녀였던 그녀들은 충격

적인 잔인함을 보여 주었다. 잡지 《미노토르》(1933)에서 발행
된 "편집광적 범죄의 동기들: 파팽 자매의 범죄"라는 기사에
서, 자크 라캉은 범죄사에서 '전대미문한' 그 사건을 이렇게
묘사하였다. "그리고 손에 닿는 망치, 주석 단지, 부엌용 식칼
을 이용하여 그녀들은 희생자들의 시체에 악착스럽게 달라붙

1933년, 르 망에서 앙스랭 모녀를 암살한 파팽 자매.
© Harlingue-Viollet, Paris.

어 얼굴을 뭉개고 성기를 도려내고 허벅지와 엉덩이 한쪽씩을 깊숙이 베어내어 나머지 한쪽을 피로 얼룩지게 하였다. 그리고 나서는 그 잔혹한 의식을 행한 도구들을 씻어내고, 그녀들 자신도 씻고는 같은 침대에서 잠들었다.”

파문을 일으킨 그 소송은 9월 30일 언니의 사형으로 종결되었다. ‘말도로르의 노래로 완전히 무장한’ 파팽 자매의 그 범죄는 폴 엘뤼아르나 벵자맹 페레 같은 초현실주의자들을 유혹하기에 충분하였다. 사실상 환상의 차원과 이데올로기의 차원에서 폭로적인 그 행위는 마르크스(하녀가 안주인을 제거)와 프로이트(히스테리의 징조들)를 전형적으로 연결한다. 잡지 《혁명에 봉사하는 초현실주의》(1933) 6호에서 제기된 질문(“사막에서 그것(수정공)과 함께 만나고 싶은 두 가지 물체는 무엇인가?”)에 앙드레 브르통은 다음과 같이 대답한다. “파팽 자매들의 옷장에 있는 가장 아름다운 호화스런 속옷 한 벌과 범죄에 쓰인 주석 단지.”

같은 시기에 장 폴 사르트르와 시몬 드 보부아르는 정열적으로 그 사건을 좇았다. 《시대의 힘》에서 시몬 드 보부아르는 개인과 사회 사이의 폭력적 관계를 문제삼는 그 범죄의 전형성에 관해 의문을 제기한다. “그 비극 이후에 만들어진 진부한 생각들이 사회적 제재에 가했던 그 격한 분노들은 어떻게 되었는가? 그녀들이 유년기를 보낸 노예 신분의 고아원, 재산 있는 사람들이 분류한 광인들과 살인자들과 괴물들을 만들어낸 그 끔찍한 체제가 책임을 져야만 한다. 그 깨부수는 기계에

대한 공포는 단지 전형적 공포에 의해서만 공정하게 표명되어
질 수 있었다. 즉 두 자매는 어두운 정의의 순교자이고 대리인
역할을 하였다." 파팽 자매들의 범죄적 폭발은 충격적인 실존
적 진실, 해방되는 자유의 진실을 폭로한다. 1936년에 씌어진
사르트르의 〈에로스트라트〉에서 과거 혹은 신화 속에서 영광
의 모델들을 찾는 검소한 파리의 사무원 폴 일베르가 등장한
다. 그에게 파팽 자매들의 범죄는 사회적 항의의 숭고한 제스
처처럼 보인다. 그는 범죄자들의 얼굴에 나르시스적으로 매혹
되어 범죄 전과 후의 그녀들의 용모의 차이를 관찰한다. "그
러나 그녀들은 더 이상 닮지 않았다. 각자가 자신의 방식으로
공동의 범죄에 대한 추억을 지니고 있었다. '만약 고아원의 그
우두머리들을 그처럼 변화시키는 데 있어서 우연만이 가장 큰
역할을 했던 그 범죄만으로 충분하다면, 나는 전적으로 내가
생각하고 조직한 범죄에서 무엇을 기대할 수 있는가' 라고 나
는 생각하곤 했다."(p.272-273) 자신이 박해받았다고 믿고, 자
신을 "일종의 권총·폭약·폭탄과 같은 존재"로 생각하는 폴
일베르의 범죄 동기들은 자크 라캉이 분석한 편집광적 범죄 동
기들, 즉 잠재적 동성애, 거세되었다고 생각된 여성 성기에 대
한 공포, 그리고 남근 숭배들을 상기시킨다. 두 자매 범죄자들
의 모습은 주네가 희곡 《하녀들》(1947)을 만드는 데 영향을 끼
친다. 그 희곡은 두 하녀의 안주인, 마담을 살해하는 준비 과
정에 초점을 맞춘 것이다. 도입부에서 솔랑쥐와 클레르는 정신
착란적 의식에 몰두하는데, 클레르는 마담 역할을 하고 솔랑쥐

는 언니 역할을 하였다. 이러한 이미지와 흉내놀이는 옷 입기와 벗기의 장면에서 격화되는데, 이것은 정체성의 투명성을 혼란스럽게 한다. 이러한 반영의 미로는 클레르가 마담으로 가장하여 목이 졸린 이후에 '부활하여' 솔랑쥐에게 자기 파괴적 종말까지 그 의식을 다시 하도록 부추길 때, 다시 말해 연극 상연의 속임수와 반복에 벗어난 진짜 실제의 살인을 행하도록 부추길 때 비로소 끝이 날 것이다. 〈어떻게 《하녀들》을 공연할 것인가〉[6]에서 주네는 제식적이고 마술적인 의식으로서의 연극을 잡사의 사회학적 현실로 만드는 것을 금지한다. "한 가지는 드러나야만 한다. 즉 하인들의 처지를 옹호하는 것이 문제가 아니다. 나는 하인들의 조합이 존재하리라고 생각한다——그것은 우리와는 상관이 없다."

로베르토 쥬코

15세의 나이에 부모와 경찰관을 죽인 로베르토 쥬코에 매혹되어 동일화하기까지 한 베르나르 마리 콜테스는 "사실인 것 같지 않은 여정, 신화적 인물, 괴물 같은 힘을 지녔지만 결국 자갈이나 여자로 인해 쓰러진 골리앗이나 삼손 같은 영웅에"[7] 대해 말한다. 흔들림 없이 견고하게 진행되는 움직임의 비극적

---

6) 바르베자(Marc Barbezat), 《강철활 *L'Arbalète*》(1947), Gallimard, coll. 〈Folio〉, 1978, p.10.

7) 《르 몽드 *Le Monde*》, 1988. 9. 28.

논리에 기초한 《로베르토 쥬코》는 등장 인물을 추락하게 하는데, 그 추락은 태양빛으로 신격화되었다. 그 과정의 절정에서 쥬코는 천상의 빛의 계시를 받고, 태양을 마주 보는 반신이자 말없는 최고의 증인으로 자칭한다. 영웅의 오랜 꿈을 부활시키는 결말은 미트라교의 태양 숭배의 특징을 띠고 있다. 그 태양 숭배는 다음의 제사에 씌인 인용문이 나타내는 것처럼 추종자들에게 불멸성을 허락한다. "……너는 태양의 원이 펼쳐지는 것을 볼 것이다. 그리고 그것에 바람의 근원인 남근이 매달려 있는 것을 볼 것이다. 만약 네가 동방으로 얼굴을 돌린다면 그것은 거기로 움직일 것이고, 네가 서방으로 돌린다면 그것이 너를 따를 것이다." 희곡의 구조는 순환적이고 미로적인데, 왜냐하면 처음에 감옥의 지붕 위로 도주한 것은 결말에서 죽음과 태양의 백열 속으로, 삶의 응고와 움직임의 풍요 속으로 탈출한 것과 대응되기 때문이다. 콜테스에게 있어 잡사의 진실, 쥬코의 설명할 수 없고 설명되지 않는 파괴적 행위의 진실은 정신병으로 폭력을 설명하고자 애쓰는 해석의 모형들을 거치지 않는다. 신화적이고 시적인 피조물로서 범죄자를 완벽하게 무도덕적으로 재현하는 이 희곡을 통해 잡사에 대한 우리의 이해와 인식의 변화가 나타난다. 1836년 자신의 어머니와 누이·형을 죽인 피에르 리비에르의 경우는, 에스키롤이나 오르필라 같은 정신의학자와 법률가들의 관심을 끌었다. 20세기 중반 서양 사회는 모든 도덕과 형이상학의 바깥에서 범죄의 미학적 차원을 보기 위해 실증주의적 요구를 포기하는 것 같다.

안 로랑에 따르면, 살인들(아버지와 어머니 그리고 수사관, 마지막으로 '순진한' 어린이)이 따르는 서술적 순서는 폭로적이다. 그것은 "상징적 살해에서 '정치적' 살해로, 동기 없는 스펙터클한 살해로 이행하면서 세기의 대가설들을 대략 프로이트 · 라바솔[8] · 자크 바세[9]를 되풀이하고 있다. 그리고 학자이자 정치가에서 시인으로 이르게 하는 것이 바로 그것임이 갑자기 명백해진다.[10]

---

8) 라바솔(François Claudius Koenigstein, 1859-1892): 프랑스 무정부주의자. 수차례의 암살과 범법 행위로 사형을 선고받음. 〔역주〕
9) 바세(Jacques Vaché, 1896-1919): 1916년 낭트의 병원에서 브르통을 만났으며, 이를 계기로 브르통과 초현실주의에 큰 영향을 미침. 사고인지 자살인지 알 수 없는 그의 죽음은 초현실주의자들에게 일종의 영웅적인 전설이 됨. 〔역주〕
10) 〈희곡 자료 Pièces au dossier〉, 《콜테스 *Koltès*》, Alternatives théâtrales, 1990, p.49.

V

언어와 문학의 문제

1. 문학의 윤리와 미학

1) 저널적 거짓과 소설적 진실

선정적 성향의 언론은 인간적 혹은 사회적 배경(예를 들어 위기에 처한 사회의 모습) 속에서 잡사를 재현하는 대신에, 대중의 관음증을 만족시키는 왜곡된 이미지를 만들기 위해 그러한 배경에서 잡사를 분리한다. 신문의 윤리적이고 사법적인 책임은 생각하지 않으면서 잡사 담당 기자들은 하인리히 뵐의 단편《카타리나 블룸의 잃어버린 명예》에서처럼 사건들을 확대하는 경향이 있다. 그 작품에서 여주인공은 선정적 언론의 과도한 거짓말의 희생물이었다. 미디어에 의해 확대된 여론의 악순환은 공과 사를 혼란스럽게 하고, 거짓과 모략·비방의 위험을 무릅쓰게 한다. 스탕달은 《적과 흑》의 끝부분에 쓴 메모에서 그러한 위험을 강조하고 있다. "게다가 자유를 얻은 여론의 지배가 갖는 위험은 여론이 필요 없는 것, 예를 들어 사생활에 개입하는 것이다."

벌써 19세기에 에드거 앨런 포는 대중의 환상을 이용하기 위해 실제 사실을 허구로 바꾸는 저널의 주관적 담론에 대해 비난했다. 《마리 로제의 수수께끼》에서 뒤팽은 저널 텍스트의 허위적 측면과 함께 그것의 대상에 관한 풍자적 공격성을 비판한다. "일반적으로 우리의 대중 신문의 목적이 센세이션을 일으키고, 진실의 원인을 선호하기보다는 짜릿한 묘미를 만드는 데 있다는 것을 잊지 말아야 한다. (…) 대다수의 민중은 보편적 관념의 자극적인 모순을 표현하는 것을 심오한 것이라고 생각한다. 문학에서만큼 논리학에서도 가장 직접적이고 가장 보편적으로 인정된 장르가 바로 **에피그람**(épigramme)이다. 그리고 두 경우에 있어서 장점의 서열로는 가장 낮은 장르이기도 하다." 카뮈도 《이방인》에서 뫼르소의 재판이 시작될 때 기자들이 하는 비인간적인 소동을 묘사하면서 언론을 비판했다. 이러한 가치 하락은 인간성을 말살하는 환유("나는 물었다. '누구세요?' 그리고 그는 되풀이했다. '신문.'" p.129-130)나 동물적 비유('살찐 족제비를 닮은 키 작은 호인.' p.130)로 표현된다. 한 기자는 파렴치하게 신문에서 사건을 임의로 과장할 필요성을 인정하기까지 한다. "아시다시피 우리는 당신 사건을 조금 과장하였습니다. 여름은 신문에 있어선 무료한 계절이거든요. 그리고 뭔가 가치가 있는 것은 당신 이야기와 부모 살해 사건뿐이었거든요"(p.130)

르 클레지오는 《조서》에서 정치 뉴스(오랑에서 벤 벨라[1]의 열광적인 환영)와 잡사(익사, 코르시카에서의 이중 범죄)가 뒤섞인 신문의 세 페이지를 재현하였다. 이 잡사들 중에 아담 폴로라는 인물의 이야기가 '카로스에서 체포된 편집증 환자'라는 제목으로 그려지고 있다. "(…) 분명히 자신의 정신적 능력을 상실한 청년이 군중을 향해 연설하면서 두서없는 이야기를 하였다." 잡사는 외부의 존재들을 묘사하고, 삶의 복잡성을 파괴하는 뒤얽힘 혹은 불연속성을 새로이 만들면서 실재의 두께를 축소하고 경계를 정한다.

2) 기억의 글쓰기

'잡사'라는 표현 속에는 폭로적인 모순 어법이 들어 있다. 만약 독특한 사건이 다양하다면, 그것은 미디어 과잉의 사회 속에서 사건이 빠르게 뒤이어 오는 다른 사건들에 둘러싸여 존재하기 때문일 것이다. 신문 기사는 다시 읽혀지기 위해서가 아니라 다음날 팔리는 신문 기사들로 대체되어 버려지기 위해 만들어진다. 때로 잡사는 신문이 그 다음날 모순되는 기사들을 발행할 수 있도록 잊혀지는 것이 바람직하기조차 하다. 프랑수아 봉·안니 소몽·마리 루아네 같은 현대 작가들은 우리의 집단 기억의 망각 능력과 침묵을 거부하면서, 윤리와 미학이

---

1) 벤 벨라(Ahmed Ben Bella): 알제리 정치가, 알제리 초대 대통령.〔역주〕

연결되는 기억의 글쓰기를 창조해 내려고 애쓴다. 장기적인 경향과 독특하고 예외적인 것을 희생시킨 '과정'을 선호하면서, 평범한 것을 질문하기 위해 과도하거나 비범한 것을 포기하는 그들은 어떻게 일반적 존재와 태도와 장소들이 기억 속으로 들어가고 지식을 제공하는지를 자문한다. 그래서 저속한 것에서부터 가장 고상한 것에 이르기까지, 평범한 것에서부터 가장 신기한 사건에 이르기까지의 모든 수준에서 일상적인 것에 대한 관심을 가진다. 사회학적 질문을 기초로 한 조르주 페렉의 작품은, 일상이 담론화될 가치가 있기 때문만이 아니라 평범하고 '보통 이하'[2]의 것 속에서 현대 인간의 정체성의 문제를 제기하게끔 하기 때문에 일상을 재평가한다. 조르주 페렉의 《나는 기억한다》(1978)를 구성하고 있는 4백80개의 사실 진술 가운데 15개가 1946년에서 1961년 사이에 일어났던 잡사들이었다. 예를 들어 어린이 프조 유괴 사건, 팡지오 유괴 사건, 마르틴 카롤 무덤 훼손 사건, '장미 발레단' 스캔들, '랑드뤼 사건과 유사한'(p.63) '프티오 사건,' 마리 베스나르 사건, 샤론 테이트 암살 사건, 자동차 갱단, '뉴욕 시가 몇 시간 동안 암흑 속에 갇혔던 대정전 사건'(p.325) '퀴에바스 후작과 세르쥐 리파르의 결투'(p.112)가 있다. 페렉은 이러한 "일상의 사소한 편린들," 즉 "훨씬 더 하찮은, 비본질적인, 완전히 평범한, 무가치성에서 기적적으로 벗어난, 잠깐 동안 상기되어 몇 초간 미

---

2) 《보통 이하 *L'Infra-ordinaire*》, Seuil, 1989.

세한 향수를 일으키는 어떤 것"(뒷면 표지)이 잊혀지지 않도록 노력한다. 이러한 '보통 이하'의 것에 대한 연구를 통해, 전기적 동일성보다는 공동체를 위한 공유 지점을 명시하는 것이 문제가 된다.

르 클레지오는 인간과 도시의 거짓된 언어를 비판하기 위해 잡사를 사용한다. 《조서》에서 '훌륭한 오락'(p.151)인 익사와 같은 사건들은, 인간 공동체를 대신해서 지시적 평범함을 지닌 의례적이고 공허한 말을 드러내는 무한히 많은 해설을 만들어 낸다. 소설은 어리석은 가설들("당신은 그가 죽었다고 믿나요?")과 상투적 표현들("아! 죽음은 멋지지 않군"이라고 호즈니아크스가 말한다), 다른 사고들의 참조, 궤변(자살 익사와 사고 익사의 차이)을 모아 놓은 하찮은 이야기들을 재현한다. 언어는 의사 소통을 조장하는 척하면서 존재들 사이의 연대감의 부재와 고독을 훨씬 더 강화한다. "그들을 애정 없이 결속시켰던 것은, 또한 그들로 하여금 심연을 가로지르는 그 혼자만의 긴 여행을 죽음이나 고통보다 더 두려워하게 만든 것은 바로 그들의 인간적 기억이다. 한 달 뒤, 일주일 뒤, 혹은 그보다 먼저 둘 중 한 사람이 그 잡사에 대해 마지막으로 말하는 그날까지 모든 것이 그러하다."(p.162) 〈배회〉의 단편들의 결말 부분에 라이트모티프로서 다시 나오는 침묵은 놀라움이나 경탄·시정을 참고하지 않는다. 즉 그 침묵은 희망의 끝(〈멋진 인생〉)이고, 의사 소통의 실패이며, 자아와 세계의 돌이킬 수 없는 결별(〈오를라몽드〉)을 상징한다. 그것은 죽음의 침묵(〈배회〉), 공허와 고독의 침묵("그녀 속에, 그리고 여기 죽어가는 이 별장에는 그러한 침묵이 있었다." 〈오로르 별장〉, p.132), 그리고 망각의 침묵이다. 우리는 잡사란에 실린 인간의 비극들이 너무 빨리 잊혀진다는 것을 안다. 르 클레지오에게 있어서 문제는 망각으로부터 이 비참한 실존을 끄집어 내는 것이고, 또한 실어증으로 위협받는 이 고독한 목소리를 듣고 그들의 인간적 고통을 표현하는 것이다.

디디에 대냉크스의 추리 소설에서 기억과 역사 의식의 역할은 중요하다. 제1차 세계대전의 살육에 관해 전개되는 작품, 《마지막》(1984)의 제사에서 표명하기를 "우리는 과거를 잊기 때문에 어쩔 수 없이 그것을 되살린다." 그래서 대냉크스의 소설은 끊임없이 실제 혹은 창조된 잡사들을 통합한다. 그것들은 우연적이고 사소한 사건들이 되기는커녕 역사적인 실제 흔적들만큼이나 각성과 주의를 요구하는 표식들을 지니고 있다. 잡사는 시사적 현재와 과거 사이의 상호 작용, 즉 역사의 억압된 사건들을 나타낸다. 《기억을 위한 살인》(1984)에서 20년의 간격을 두고 티로 부자에게 행한 이중 범죄인 잡사는, 비시 정부하에서 드랑시를 경유했던 유대인들의 강제 수용에서부터 1961년의 알제리인 학살을 거쳐 1981년의 정치 현실에까지 거슬러 올라가는 노선을 드러낸다. 정치 참여적 성향의 탐정 소설에 있어 잡사는 글쓰기가 노동의 기억을 잃어버린 태도나, 실리적 개인주의를 위해 해체된 계급의 연대감을 회상하게 해준다.

2. 독사(doxa)에서 '패러독스(para-doxe)'
　로의 담론

1) 단일한 관점의 거부

잡사의 이원론은 사건의 논리적 합리성과 대립된다. 사실 비록 잡사가 예외와 위반·무질서에 대한 이야기를 한다고 해도, 그 일탈은 항상 논리적·사회적·도덕적인 규범을 참조한다. 사건들의 복잡성과 모호성은 세계를 모순도 깊이도 없이 구성하는 단일한 관점으로 인해 은폐된다. 바르트가 도미니치[3](《도미니치 혹은 문학의 승리》) 소송중에 알아낸 것이 바로 이러한 심리적·윤리적·미학적 독사(doxa)이다. 그 신화학자는 부르주아 계급이 자신의 가치를 인정하고, 단일하고 자연적인 기준으로서 자신을 내세우게 하는 신화들을 비난한다. 도미니치 소송은 어떻게 '글을 못 읽는,' 즉 언어를 잃은 늙은 염소지기인 피고가 '언어의 보편성과 명백성'의 신화의 희생자인지를 '속사(attribut)적 희생자를 부여할 줄만 아는' '형용사(adjective)'적 심리학을 강요당하는 신화의 희생자인지를 증명한다. "그 늙

---

3) 도미니치(Gaston Dominici)는 당시 프로방스에 그랑테르 농장을 소유한 80세의 노인으로, 1952년 그의 땅 근처에서 캠핑중이던 잭 드뤼몽 경의 가족을 살해했다는 혐의로 기소되었다.〔역주〕

은 도미니치가 유죄 판결을 받은 것은 바로 '보편적' 심리학 때문이다. 부르주아적 소설들과 본질주의적 심리학이라는 매혹적인 천국으로부터 내려온 문학은 한 인간을 단두대로 보냈다."(《신화론》, p.51) 고전적 심리학의 규범에 따라 범죄를 재구성하는 법원의 담론에 대한 이러한 비판은 《이방인》에서 벌써 나타났었다. 뫼르소의 재판중에 차장검사가 다른 인물들의 관점을 자신의 관점에 종속시키며, 사건을 설명해 줄 수 있는 유일한 인과성을 찾으려고 하고, 생각하는 주체라는 자아 정체성에 기초한 인간 개념을 강요하면서 그의 관점을 내세우는 이야기의 전략이 배치된다. "어머니가 죽은 다음날 가장 부끄러운 방탕한 행동을 일삼았던 그 인간은 하찮은 이유 때문에, 그리고 차마 말할 수 없는 성범죄를 청산하기 위해 살인을 저질렀다."(p.147) 독백적이고 닫혀 있는 그 담론은, 교훈조의 형용사들과 가치 판단들을 통해서 수용할 수 있는 것과 없는 것을 규정하는 단정적인 세계관인 법관의 이데올로기를 전파한다. 소위 공평하고 객관적인 이 담론과 비교하여 카뮈가 사용한 서술 기법은 단일한 인과성이 부재함을 보여 주고, 인간 존재의 모순적이고 복합적인 인격을 드러내고자 노력한다.

〈에로스트라트〉는 지배 이데올로기의 담론에서 벗어나는 어려움을 강조한다. 폴 일베르는 '타고난 휴머니즘'을 지닌 2백 명의 프랑스 작가들에게 보낸 편지에서 그의 반인간적이고 파괴적인 행위의 단일성과 급진성을 주장한다. "(…) 내일 신문을 읽어보세요. 거기서 당신은 폴 일베르라 불리는 개인이 에드가-키네 대로 위에서 분노를 폭발시키면서 다섯 명의 행인을 때려눕혔다는 기사를 보게 될 것입니다. 당신은 주요 일간지들의 문장이 어떤 가치가 있는지를 누구보다 잘 알 것입니다. 그러므로 내가 ‘화가 나’ 지 않았다는 것을 이해할 것입니다. 나는 오히려 매우 차분합니다(…).”(p.272) 그와 동시에 그 인물은 에로스트라트라는 이름과 연결된 형이상학적인 커다란 공포를 야기하는 어려움을 인식하고 있다. ‘삶의 의미를 독차지하는’ 휴머니스트들에 의해 자신의 말을 빼앗긴 일베르는 작가로서 진정한 언어를 다시 가져오려고 애쓴다. 그러나 헛된 일이다. 그의 허무주의적 행위는 잡사의 의심스런 영광만을 알 것이다. 그것은 단지 에페수스의 디아나 신전을 파괴한 신화적 검은 영웅의 생생한 패러디일 뿐이다.

　작가들은 현실에 대한 새로운 생각이나 재현을 주기 위해 일반적으로 인정된 참조들의 체계에서 벗어나 잡사들을 다시 읽는다. 《하얀 잡지》에 발표된 ‘사색적’ 선집인 알프레드 자리의 《초록 양초》에서, 잡사들은 특히 사건들에 대한 다른 시선을 창조하기 위한 ‘전-텍스트들’ 이다. 양식과 명백한 진실들 너머에 있는 ‘상상적 해결책의 학문’ 인 파타피지크[4]를 통해 인식된 사건들은 미화된다. “현대의 기자들은 그들의 코앞보다 더 멀리 보지 않는다”(《초록 양초》, p.519)라고 생각하는 자리는 이

---

4) 파타피지크(pataphysique): A. 자리의 조어로 초(超)형이상학의 의미. 예외적이고 부대적인 것에 대한 학문. [역주]

데올로기의 함정을 피하게 해주고 모든 틀에 박힌 관념과 전형, 상투적인 표현들에서 해방시켜 주는 예측할 수 없는 역설적 관점을 제안한다. 〈7월 14일의 인신 공여〉에서, 그는 두 개의 잡사 시리즈들, 즉 대중적 축제가 유발한 사고들과 미리 계획된 범죄들을 비교한다. "그러나 우리는 생트-피앙스(망쉬) 지역의 마세라는 한 여인이 어린 아들을 교살하였다는 기사와 동시에 불로뉴 숲 근처에서 열린 무도회에서 한 여인이 그녀의 남편, 목재 가구세공인인 에드가 V씨의 아랫배에 칼을 꽂아 죽였다는 기사를 읽었다. 살인과 학살에 관련된 또 다른 많은 사건들이 있다. 법원은 그들을 범죄자로 생각할 것이다. 그러나 그들이 말하는 소위 범죄들은 앞선 살인들처럼 7월 14일에 저질러졌다. 왜 상황에 따라 두 가지 기준이 있는가? 우리는 그 차이를 알지 못한다."(p.311) 《하얀 잡지》(1901)에 발표된 〈브뤼노 신부〉에서 자리는 시니컬한 유머로 집단적 명증성을 상대화하면서, 그에게는 사법권의 오류인 것처럼 보이는 것을 비평한다. "우리는 **항상** 오심이 있다고 생각하는 데 익숙치 않다. 수십 세기 후에 여론이 덕행과 범죄는 사회적이고 임의적인 것이라는 바를 공개적으로 인정하면, 우리는 죄 없는 사람에게 유죄 판결을 내린 것 같은 심각한 오심이 있었다는 것을 알게 될 수도 있다. 그것은 바로 우리의 관습에 의해 어떤 사람을 죄인으로 판단하는 것이다. 범죄 행위 혹은 좋은 행위는 단지 그 공상적 시간 속에서 정직한 사람들의 서로 다른 삶의 방식일 뿐이다."(p.298)

　‘사변적인’ 텍스트들의 파괴적인 영향력은 잡사의 의미론적 위상, 다시 말해 시니피앙으로서의 잡사가 시니피에와 유지하는 관계가 사회 속에서 유효한 이데올로기적이고 도덕적인 코드에 어떻게 좌우되는지를 보여 주는 데 있다. 잡사의 이야기를 통해 현실 자체로 생각되도록 하는 지시 대상은 사실 그것보다 먼저 존재하는 의미에 의한 결합이다. 우리가 현실로 생각하는 것은 실재가 아니라 이미지이다. 즉 ‘범죄 행위’ 혹은 ‘좋은 행위’라는 단어들은 객관적 현실을 참조한 것이 아니라 단지 임의적인 사회·도덕적인 개념일 뿐이다. 이처럼 자리의 역설적 전략은 사건(범죄)을 그것이 연결되었던 배경과 분리하는 데 있다. 우리는 지오노의 작품에서 이러한 방식을 다시 확인한다. 그는 27명을 살해하여 1946년에 기소된 욘의 의사 프티오의 사례를 분석한다. ‘프티오 혹은 무죄’ 또는 개선문의 ‘익명의’ 군인을 참조한 ‘프티오 혹은 유명한 군인’ 같은 빈정거리는 정의는 역사적 배경(지오노에 따르면 제2차 세계대전의 집단 살육, 프랑스 해방 때의 프랑스인들의 ‘파렴치한 행동’ 등) 혹은 인간에 내재한 잔인한 오락에 대한 욕구에 비추어서 범죄자의 유죄성을 상대화한다. 프티오 사건에 영감을 받은 소설 《권태로운 왕》(1947)은 피라는 강박적 주제에 집착하면서, 어떻게 잔인성이 실존의 부조리와 권태라는 저주에 대한 해답이 되는지를 보여 준다.

2) 다중음성을 향하여

매우 코드화된 서술적 텍스트인 잡사는 비록 그 작가가 때로 개인적 지적이나 특이한 어조를 통해 드러난다고 하더라도 비교적 중성적인 발화 행위를 나타낸다. 문학 텍스트는 저널적 잡사와는 반대로 서술에 중요한 위치를 부여한다. 작가는 때로 인물들의 생각들을 이해할 수 있게 해주는 내적 초점화를 사용하면서 인물들의 관점, 그들의 불안·동요를 우선시한다. 〈배회〉에서 서술은 마르틴의 의식에 비극에 대한 개념('모든 것은 예정되어 있다'는 인상, 그리고 그녀들이 '앞으로 일어날 것에 점점 다가가고 있고 이를 피할 수 없다'는 인상), 혹은 육체와 감정의 언어("그의 육체 내부에 공포에 사로잡힌 다른 누군가가 있었다")를 주고자 애쓴다. 인물의 생각과 화자의 생각 사이의 구별을 희미하게 하는 자유 간접화법은 작가의 연민을 드러낸다. "그는 보도 구멍에 던져 버렸던 동전을 생각한다. 어쩌면 오늘 그는 그것을 다시 꺼내려고 하지 않았을까?"(〈다비드〉, p.263) 르 클레지오의 단편들은 서술의 증명적 기능과 화자가 이야기와 유지하는 도덕적·정서적 관계를 우선시한다. 화자는 잡사에서처럼 뒤로 물러난 태도를 취하는 대신, 신문 인터뷰의 대화 형식을 빌려 자신의 존재를 나타낸다(〈오 도둑이여, 도둑이여, 너의 인생은 무엇인가?〉). 1인칭으로 서술되는 유년기 추억에 대한 이야기가 자서전적 측면을 드러내는 〈오로르

BEN BELLA ACCUEILLI TRIOMPHALEMENT A ORAN : "Il nous faut un parti unique."

à Tizi-Ouzou, 100.000 kabyles acclament le G.P.R.A.

ENTRE MANDELIEU ET LE TRAYAS, LE FEU COUPE LA VOIE FERREE EN PLUSIEURS POINTS

De nombreux train sont stoppés. Plusieurs villas menacées. Un camping est évacué à la hâte.

GRÈVE GÉNÉRALE DES MARINS MARSEILLAIS JUSQU'A DEMAIN APRÈS-MIDI

Les départs des navires pour la Corse et pour l'Afrique sont suspendus jusqu'à nouvel ordre.

UN ESTIVANT VAROIS SE NOIE ACCIDENTELLEMENT A PALAVAS-LES-FLOTS :

Montpellier. Un estivant, M. Robert Mages, 47 ans, domicilié à La Seyne-sur-Mer, (Var) s'est noyé accidentellement hier matin à Palavas-les-Flots (Hérault).

M. Mages, sans doute pris de congestion, a été ramené sur la grève par des baigneurs. Malgré les soins qui lui ont été prodigués, le malheureux a succombé peu après son admission dans un hôpital de Montpellier, où il avait été conduit.

ÉNIGME EN CORSE

Les cadavres de 2 touristes allemands sont repêchés à 3 km de distance, près de la plage d'Anghione.

L'homme semble avoir succombé à une fracture du crâne.

La femme ne portait aucune trace de lutte.

(Voir page 7)

● Un cultivateur disparu de Toulon depuis le 30 juin est trouvé mort dans un ravin. Accident, suicide ou crime ?

● Au quartier de l'Ariane un enfant de douze ans se noie dans le Paillon.

UN MANIAQUE ARRÊTÉ A CARROS

Un jeune maniaque se réfugie dans une École de Carros.

Les gendarmes l'arrêtent.

Une brève chasse à l'homme a mis fin à la fuite d'un malade mental à Carros.

Des agissements étranges.

Dimanche après-midi, la foule des estivants qui dé-

ambulait sur la Promenade du Bord de mer fut mise en émoi par les agissements étranges d'un jeune homme, Adam P... ; visiblement privé de ses facultés mentales, le

jeune homme haranguait la foule, tenant des propos dépourvus de sens. L'affaire en serait restée là, si le jeune homme n'avait, pour des

(voir page 7)

Verdict dans l'affaire Locussol :

STEFANI, 20 ANS DE RECLUSION CRIMINELLE ARTAUD, 5 ANS DE RECLUSION

(Achard est condamné à mort une 2e fois par contumace

별장〉에서 정서적 영향은 분명히 존재한다. 르 클레지오가 시와 잘려진 단어, 신문의 진짜 혹은 가짜 페이지를 끌어 모아 만든 '퍼즐-소설' 《조서》에서처럼 콜라주는 관점을 확대시켜 준다. 진짜 신문의 페이지들 속에 가짜 기사를 붙이는 것은 언어에 관한 의혹을 검토하게 하고, 어떤 진실을 만들어 내고자 하는 글쓰기의 의도를 파괴한다. 현실은 완벽하게 재현되는 대신에 사라지는 인상을 준다. 잡사의 거짓되고 인위적인 텍스트는 아담 폴로의 진정한 말과 대립된다. 만약 많은 장광설이 사회적 견지에서 인물의 광기를 나타내고 그에게 도피와 침묵을 강요한다면, 그것은 또한 본질적인 것, 즉 심오하고 비밀스럽고 말로 표현할 수 없는 삶을 표출해 낼 수 있는 단어들의 무질서한 분출처럼 보이기도 한다. 미셸 레리스는 입체파 작품, 즉 추억·실화·몽상·인상을 혼합한 '초현실주의적 콜라주 혹은 사진-몽타주'처럼 《성년》을 썼다. '파피에 콜레'와 촬영의 확대라는 기법을 통해 인간에 대한 더 객관적인 이미지를 주고자 노력하고, 신성함이 드러나는 인간 존재의 신화적 토대를 부여하고자 노력한다.

많은 현대 작가들이 발화 행위의 수준에서 다중음성을 선택함으로써 자아의 의미 작용처럼 사건들의 의미 작용을 분열하게 한다. 프랑수아 봉의 《잡사》의 이야기는 연대기적으로 정리되기보다는 서로 얽혀 있는 여러 개의 시퀀스들로 회절(回折)한다. 커플의 만남에서 살인자의 투옥을 거쳐 사건의 법적 재현에 이르기까지 시간적 연속성은 플래시백으로 인해 계속해서 방해받는다. 발화 행위는 이 괴리를 재현하는데, 왜냐하면 드라마의 재구성은 법정뿐만 아니라 동시에 상영되는 영화를 위해 조회된 증거들을 통해 이루어지기 때문이다. 이야기는 사건들을 보고하는 목소리의 인상이나 인물들의 증언에만 한 정되어 있어서 유일한 진실을 되찾는 것을 불가능하게 만든다. 소송 분리를 통해 추가된 법적 개입은 같은 사건에 대해 서로 모순되는 다른 관점들을 표현한다. 그래서 그 잡사를 구조화 한 장면들을 직접적으로 이해하지 못하게 만드는 시간적이고 논증적인 분열 효과가 생긴다. 이러한 다중음성은 공통된 참조 를 거부하고, 개인에 대한 이데올로기적이고 육체적인 개입의 불가능성과 더불어 동시대의 고유한 가치와 전형의 흔들림을 참고한다. 허구의 장면들과 영화 상영 장면들이 번갈아 나타 나는 것과 연관된 반사(specularité)의 효과는 균형을 찾기 위한 노력이나 나중에 부여된 의미를 통해 사건 전체를 복원하는 것 을 금지한다. 고집 센 미치광이 인물은 심리학적이고 사법적인 담론에 저항한다. 반드시 사건들에 의미를 주고 해석해야만 하 는가, 아니면 사건들을 이해하기를 포기하고 그것들을 무질서 하게 기록하는 것으로 만족해야만 하는가? 인물들과 의미에서 동요의 인상을 끌어내는 소설은 대답하지 않는다.

3. 부차 문학[5]에서 문학으로

1) 다르게 쓰기

문학성의 전형과 비교하여 선정적인 언론의 잡사는 독서와 글쓰기의 부차 문학적 전형으로 제시된다. 잡사는 몇몇 기준에 의해 질료적(특이한 소개, 눈에 띄는 삽화)이고 텍스트적인(충격적 제목) 표시들과 정확한 독서 계약과 함께 편집의 정체성으로 정의된다. 상품으로서 잡사는 때로 겨냥된 대중의 욕구를 만족시키기 위해 다시 씌어지기도 한다. 극적인 상황, 장소, 사회를 같은 방식으로 반복적으로 선택한다고 해도, 그것은 독자의 비판적 성찰로 이어질 패러디적이거나 아이러니한 어떤 거리도 드러내지 않는다. 지시적 환상을 만들어 내고자 하는 상투적 표현은 언어가 실행하는 매개에 대한 인식을 묵살한다. 의미의 일의성으로 인한 대화체의 부재, 서술성의 지배, 해석 코드의 중요성, 그리고 독서를 결말까지 이끄는 긴장 효과 등은 텍스트의 다의적 성격을 축소한다. 마지막으로, 우의적이고 전형적인 인물들이 비장미의 효과와 함께 간략하게 묘사되

---

5) 부차(이차) 문학: 대중 소설, 사진 소설, 만화 따위의 문학으로 간주되지 않는 작품.〔역주〕

어 독자의 동일시를 돕는다.

잡사의 기사는 주로 언어의 지시적 기능을 이용한다. 그것은 지시 대상을 강조하면서 장르나 미학, 혹은 글쓰기 같은 문학적 범주들을 개입시키기를 거부하는 외연적 담론에 전념한다. 사실 그러한 것은 사건들을 희생시켜 서술의 가치를 더 인정하게끔 하며, 현실적 환상을 소멸시킬지도 모른다. 만약 신문 기사가 언어의 시적 기능을——야콥슨에 의한 문학성의 기준으로, 메시지 그 자체를 강조하는 것이 특징이다——활용한다면, 그것은 소설적 기만으로 인식될 위험이 있을 것이다. 그러므로 저널적 담론과 문학적 담론은 언어의 두 가지 모순적 힘을 나타나게 한다. 즉 감정적이고 능동적이며 지시적인 기능으로 표현되는 의사 소통적 힘과, 수신과 명확성에 대해 전혀 신경 쓰지 않는 시적인 힘이 그것이다. 그러나 이러한 대립은 신중할 필요가 있다. 시적 기능은 만약 저널 텍스트에서 운문의 배열을 상기시키는 제목들이나 '일면'——그것의 변화무쌍한 모습은 초현실주의적 콜라주에 영감을 주었다——이 문제라면, 저널 텍스트에서도 나타날 수 있다.

글쓰기에 관한 이러한 문제는 《이방인》에서 제기되었다. 그 작품에서 그 자신이 작가이면서 기자였던 카뮈는 한 젊은 기자의 모습으로 등장한다. "기자들은 벌써 손에 펜을 쥐고 있었다. 모두들 무관심하고 약간은 비웃는 듯한 동일한 표정을 짓고 있었다. 그러나 그들 중 한 명, 훨씬 더 어리고 회색 플란넬 셔츠에 푸른 넥타이를 맨 그는 펜을 자기 앞에다 그대로 두고 나를 바라보았다. 나는 약간 비대칭인 그의 얼굴에서 이렇다 할 어떤 것도 표현하지 않고서 주의 깊게 나를 관찰하고 있는 아주 밝은 그의 두 눈만을 바라보았다. 그리고 나는 나 자신이 나를 보고 있는 듯한 기묘한 인상을 받았다."(p.132) 그 거울-인물은 그의 옷과 육체를 통해 현실적으로 특징지어진 유일한 존재이고, 또한 감정을 느끼는 유일한 사람이다. 그는 다른 기자들처럼 쓰는 대신에 마치 그가 글쓰기로 현실을 왜곡할까 두려워하는 것처럼 주의 깊게 뫼르소를 관찰하는 것으로 만족한다. 《이방인》에서 씌어진 텍스트에의 참조(전보, 크뤼센 소금 광고 전단, 레이몽에게 쓴 편지, 검사의 서류 등)는 텍스트들의 의미 작용에 대한, 그리고 그것들과 현실과의 관계에 대한 문제를 명확하게 제기한다. 이렇게 어머니의 죽음을 알리는 전보는 서기인 뫼르소에게는 아무 의미가 없다("그것은 아무 의미도 없다." p.9). 글쓰기는 '내일' ("어머니 사망. 내일 장례")이라는 지시소가 나타내는 것처럼 현실이나 시간을 설명할 수 없다. 체코슬로바키아 남자 이야기를 하는 잡사는 그 의미의 진실임직함이 부족한 불완전한 텍스트의 일부분이다.

소설에서 글쓰기는 항상 비-의미 작용과 놀이와 거짓말에 연관된다. 산 자의 실존적 단일성을 무너뜨리고, 거리가 먼 요소들 속의 연속성을 분해하면서 단어들은 사건들을 디에게시스로 연결할 수 없도록 분리한다. 카뮈는 불안정하고 불연속적이며 다의적이며 해독할 수 없는 세계를 설명하기 위해 불완전·결핍의 글쓰기를 창조한다. 롤랑 바르트의 《영도의 글쓰기》[6]에 따르면 영도는 무감동의, 투명한, 무색의 글쓰기를 가리키는 것으로, 그것은 언어의 특징적 질서에 벗어나서 소설보다 우위에 있기를 원한다. 접속법(욕망이나 의심)과 명령법(명령) 사이에서 법의 영도인 직설법을 우선시하고, 부르주아 문화에 사회학적으로 연결된 문학적 단순 과거를 희생시켜 복합 과거를 장려한 이러한 '탈법적인(amodale)' 글쓰기는 "만약 명확히 말해서, 저널리즘이 일반적으로 명령형 혹은 기원형(다시 말해 비장한 표현)을 전개하지 않는다면"(p.56) 저널적 글쓰기로서 생각되어질 수도 있다. 잡사에 의해 명백해진 글쓰기에 관한 문제 제기는 실재를 기록하는 데 만족하는 중성적 문학에 이른다. "카뮈의 《이방인》에서 시작된 이 투명한 파롤은 부재의 문체를 실행하는데, 이것은 문체가 이상적으로 거의 부재한다는 것을 의미한다. 그래서 글쓰기는 일종의 부정적인 법으로 국한되는데, 그 속에서 언어의 신화적이거나 사회적인 성격이 형식의 무기력하고 중성적인 상태를 위하여 삭제된다" 라고 바르트는 썼다. 그러나 그가 명확히 말했던 것처럼, 이러한 침묵의 글쓰기는 의미의 반복이나 심리적이고 일화적인 질서의 강요에 의해 위협받는다. 로브그리예의 작품에서 영도의 일화는 독자에 의해 형이상학적 의미 작용과 충만한 의미를 부여받을 위험이 있다.

언어에 관한 의문은 거리를 둔 글쓰기로 연결될 수 있다. 소

---

6) Le Seuil, 1953.

설 속에서 듣게 되는 인물들의 서로 다른 목소리에 의해서, 그리고 그 목소리들을 조직하고 분배하는 서술의 구조에 의해서 이중적으로 다중음성적인 소설, 프랑수아 봉의 《잡사》는 거리두기를 선택한다. 글쓰기는 문장의 수사학적이고 문법적인 배열을 혼란스럽게 하는 전치·후치·생략을 증가시킨다. 이러한 문체적 차이는 사회적 균열 같은 내적 파괴를 반향한다. "글쓰기는 마치 적의 돌을 잘라내는 것처럼 천천히 만들어진다(…). 각각의 행은 앞행에 비교하여 차이를 나타내고, 이 차이 속에서 자기 자신을 구성해야만 한다"(p.128)라고 작가는 텍스트에서 자신의 목소리를 드러내서 말한다.

2) 다르게 읽기

잡사의 기사는 부차 문학적 독서 양태를 유도한다. 우리는 제목·소제목·서문에 집중하면서 텍스트를 대충 훑어보는 결함 있는 독서의 수준과, 반복해서 읽지는 않고 텍스트의 통합적 전체를 훑어보는 기본적 독서를 구별할 수 있다. 문학 텍스트들은 작품의 미학적 가치를 고려하지 않고 현실 자체와 혼동된 지시 대상에 집중하는 부차 문학적 독서의 대상이 되기도 한다. 바로 이러한 이유로 외젠 쉬나 퐁송 뒤 테라이 연재 소설의 독자들이 주인공의 죽음에 충격을 받을 수 있는 것이다. 우리는 스탕달이 언급한 일화를, 볼티모어의 한 주민이 〈오델로〉 공연에서 이아고 역을 한 배우에게 총을 쏜 사건을 기억한다. 움베르토 에코[7]에 따르면 모든 텍스트는 이중의 모델 독자(Lecteur Modèle)를, 즉 순진한 독자와 그러한 독자의 실패를 해석하는 비판적 독자를 갖는다고 한다. 만약 순진한 독자가 문자 그대로 순수하게 읽는 독자라면, 비판적 독자는 이야기를 다시 읽으면서 의미 효과를 다시 읽는 독자이다. '닫힌' 텍스트인 잡사의 기사는 사회학적인 통찰력을 갖고 독자를 파악한다. "광고업자들처럼 말하자면, 그것들은 하나의 타겟, '과녁'을 선택할 것이다(그리고 과녁은 거의 협력하지 않는다. 즉 그것은 맞혀지기를 기다린다). 그것들은 각각의 어휘, 표현, 백과사전적 참고를 독자가 십중팔구 이해할 수 있도록 노력할 것이다. 그것들은 명확한 효과를 촉진하는 것을 목표로 삼을 것이다. 그것들은 공포의 반응을 확실하게 일으키기 위해서 먼저 '그때 뭔가 끔찍한 일이 일어났다' 라고 말할 것이다"(p.70) 그러나 다른 관점에서 보면 닫힌 텍스트는 열릴 수 있고, 서로 엮어져서 서로를 더 확고하게 할 다원적 독서를 유도할 수 있다. 뫼르소는 감옥에서 체코슬로바키아 남자와 관련한 잡사를 '수천 번' 읽었다. 그 낡은 신문은 갑자기 일반적으로 사멸하는 신문의 성격과 대조되는 영속성을 획득한다. 《이방인》은 세계를 다르게 해독하기 위해 독서의 습관을 해체하는 독서교육학을 제안하고 있는 듯하다.

---

7) 《소설 속의 독자 *Lector in fabula*》, Grasset, 1979.

추리 이야기에서 조사관의 독서는 씌어진 것을 문자 그대로 이해하고, 미디어 매체에 의해 공인된 정보에 대해 어떤 거리도 두지 않는 독자의 즉각적이고 순진한 독서와 대립된다. 잡사의 이야기가 진실과 거짓이 뒤섞인 채 실재를 훼손하는 부분적인 독서를 드러내는 반면에, 조사관은 생략되고 결함이 있는 텍스트를 암시만으로 이해하고 언론에서 이야기한 사건에 대해 거리를 두면서 자신의 비판 의식을 실행한다. 《노란 개》에서 메그레 경위는 지방 일간지에 쓰인 익명의 기사에서 "각 문장은 콩카르노에 공포 분위기가 퍼지도록 계산되었다"는 것과, 이 닫힌 텍스트의 전략은 대중의 독서를 유도하는 데에 있다는 것을 알았다. 장-베르나르 푸이의 《마차 시종 여인이 고자질하였다》[8]에서 주인공 조사관은 기사들을 해독할 필요성을 주장한다. "가브리엘은 변함없이 신문과 잡사들을 읽는 데 45분을 소요했다. 그리고 나서 매번 그 살인 사건들의 영향에 관해 신랄한 토론이 시작되었다. 한 사람이 다른 한 사람을 그 사건에 대해 아무것도 알지 못하는 멍청이 취급을 하면, 후자는 전자가 너무 바보라서 행간을 읽지 못한다고 말하였다. 제라르에 의하면 이 불행의 단편들은 사람들의 어리석음의 표시였고, 가브리엘에 따르면 그것은 세상이 아주 나쁘게 흘러가고 있다는 증거였다." 왜냐하면 범죄 이야기는 처음에 독자에게처럼 조사관에게도 수수께끼로 싸여 있고, 이야기는 문제로서 텍스

---

8) *La Baleine*, 1995.

트의 해석을 연출한다. 이야기는 수수께끼 같은 사건을 풀어
서 결말에서는 알고 있기 위해서, 결함이 있는 자료들을 해석
해야만 하는 독자의 모습을 주제로 잡는다. 독서 행위는 포의
《도난당한 편지》(1842)에서의 뒤팽의 모습처럼 우리가 보려고
도 생각지 않았던 곳에 주의를 돌려, 하나 혹은 여러 개의 진
실을 발견하는 것이다. 자크 라캉은 그의 《에크리 I》[9]의 《《도
난당한 편지》에 관한 세미나〉에서, 어떻게 해서 장관에 의해 도
난당한 편지의 방향 변화가 편지에 의한 독자의 방향 변화가
되는지를 보여 준다. 그 수수께끼적 구조와 우회와 지연을 통
해 추리 소설은 텍스트의 애매함·변화·계책에 주의하는 우
회된 독서 가능성을 제시한다. 메타텍스트인 추리 소설은 서술
장르에서의 해석적 협력 원칙[10]에 관한 담론과 독서에서의 가
시적인 것과 비가시적인 것의 놀이, 시선과 실명의 놀이에 관
한 담론을 포함하고 있다.

9) Le Seuil, 1966.
10) 해석적 협력 원칙: 움베르토 에코에 따르면, 열린 구조를 지니고 있
는 텍스트의 해석은 다양할 수 있으므로 어떤 텍스트가 일관된 의미를 갖
고 실현되기 위해서는 독자의 능동적인 협력이 필요하다고 한다. [역주]

4. 자료와 문학 사이의 잡사

"나는 법을 무시하고 싶었다. 나에게는 그것이 영광인 것처럼 보였다"(p.159)라고 피에르 리비에르가 말했다. 그는 "폭트리의 마을, 오내이에서 6월 3일에 일어난 사건 장본인이 쓴 사건의 전모"라는 제목에서 나타나듯이 범죄자인 동시에 자신의 이야기를 쓴 작가이다. 씌어진 고백은 범죄를 정당화하고 합리화하고자 하는 시도일 뿐만 아니라 작가가 되어 후세에게 남기고자 하는 욕망에 부응한다. 반인륜적인 그 범죄 작가는 삶과 죽음의 권리에 대한 환상에 자극받아 전능한 신과 동등하다고 자처한다. "나는 로마사를 읽고 로마의 법률이 남편에게 아내와 아이의 생사를 좌우할 권리를 부여했던 것을 알았다."(p.159) 그러나 리비에르의 회상록은 그의 불확실한 철자법에도 불구하고 작가로서의 상징적 정체성을 주장한다. 미셸 푸코는 어떻게 살인과 살인 이야기가 공존하는지, 어떻게 죽이는 일과 쓰는 개념 작용이 '살인-이야기'(p.324)의 장치를 참조하는지를 보여 준다. 마치 무기와 담론 사이에 신비스러운 등가가 이루어지는 것 같다. 피에르 리비에르의 회상록을 잡사의 자료로 보아야만 하나, 아니면 문학 텍스트로 보아야 하나? 작품과 자료 사이의 끊임없는 소통과 그것들의 애매한 유사점이 명백한 만큼 완전히 분리하기가 힘들다. 부모 살해자의 소송중에 증거 서류로 사용된 이 텍스트는 역사가의 고

고학적 연구에 유용한 자료로서 제시된다. 그러나 그것은 또한 문학이기도 한데, 왜냐하면 살인 이야기가, "범죄들에 대한 대중적 기억을 형성했던 그 서술들"(p.325-326)의 이야기가, 장르의 전통에 충실하기 때문만이 아니라 단어들 속에서 주어를 삭제하는 그 텍스트가, 푸코의 고백에 따르면 대단한 '아름다움'을 지니기 때문이다.

문학으로서 잡사란은 광기 · 소외 · 지식 · 처벌 · 성욕에 대한 독특한 경험이 표현되는 선택받은 장소로서 나타난다. 여백을 부여하는 그 방식에서 흔히 주변적인 문학은 역사와 일상적 현실을 조명한다. 그레고리 사건에 관련한 마르그리트 뒤라스의 텍스트는 여인들의 광기 · 언어 · 성욕에 관한 문제들이 펼쳐지는 담론과 발화문과 자료로서의 위상을 가진다. 그것은 또한 뒤라스의 모든 작품에서처럼 욕망 · 사랑 · 부재 · 죽음의 극단적 상황들을 탐구하고자 하는 의도를 발견할 수 있는 문학 텍스트이다. 《리베라시옹》에서 세르주 쥘리의 박스 기사는 소설가의 개입을 저널적 조사의 영역이 아니라 '글쓰기의 위반'의 영역에 위치시킨다. 잡사를 받아들임으로써 문학은 지금 어떤 위반 앞에서도 물러서지 않으면서 일종의 비극적 추잡함 속에서 실재에 관한 진실을 전하는 그러한 글쓰기의 스캔들에 빠졌다.

만약 작품과 자료, 문학 텍스트와 잡사가 때로 서로 혼동되는 인상을 준다 하더라도 그것들은 서로 겹치지 않는다. "그것이 또한 메타-자료이기 때문에 문학 텍스트는 자료가 되고, 반-자료처럼 텍스트를 돕고 파악하고 그 속에 빠지는 정지된 시간이 된다"라고 레이몽 벨루르는 《문학 잡지》(1975년 6월 p.21)에서 썼다. 잡사와는 달리 문학 텍스트는 자신의 고유한 우회, 깊이, 물질성, 역사적 시간 밖의 시간성, 그리고 특히 주체가 언어와 유지하는 관계의 독특성을 창설한다.

결 론

문학에서의 잡사의 성공은, 즉 잡사가 작가에 의해 읽히고 체험되고 상상되는 것, 분명히 그것의 기능성에 의해 설명될 수 있다. 추리 이야기에서 소중한 서술적 보조물이거나 사실주의 소설에서의 '실재 효과' 혹은 이야기의 극적 특징을 위해 선택한 수단인 잡사는 다른 문학 장르에 쉽게 통합된다. 설명할 수 없거나 사소한 인과성의 문제들에 대해, 혹은 운명이나 숙명과 관련된 우연성의 관계에 대해 말하는 잡사는 모호한 다수의 시니피에들에 열려 있는 과도한 시니피앙처럼 나타난다. 만약 그것이 기호를 만든다면, 그 메시지의 내용은 때로 해독을 피하는 것 같고, 카뮈의 《이방인》에서처럼 인간 조건과 세계에 대한 부조리한 비전을 반영하는 것 같다. 그러나 그것은 또한 몽환적 삶의 표현으로, 혹은 객관적 우연의 멋진 표명으로 더 큰 가치를 부여받을 수 있다.

일상의 현실 속에 뿌리를 내리는 동시에 현실성에서 분리된 잡사는 실재의 단순한 재현이 아니다. 징후, 전조인 그것은 실제 세계를 그 깊이와 복잡성과 함께 재현하고자 애쓰는 신화적·상징적·은유적 해석으로 유도한다. 스탕달의 《적과 흑》에서부터 르 클레지오의 《배회, 그리고 다른 잡사들》까지 많은 문학 작품들이 독특하고 스펙터클한 사건에서 전형성으로 이행하는 이러한 움직임에 관심을 갖는다.

　실재에 대한 이러한 의문은 언어와 문학에 관한 문제 제기를 동반한다. 작품 한가운데 잡사들을 끌어들이는 것은 전통적 소설 형식(지드, 카뮈, 로브그리예) 혹은 시의 규범들(초현실주의 시의 콜라주)을 해체한다. 작품이 자신의 문학성을 정의할 수 있는 것은 바로 이렇게 잡사에 의해 야기된 저널적 담론을 바탕으로 해서이다. 충만하고 일의적이며 닫힌 언론 언어와 비교하여, 문제는 역설적이고 다중음성적이며 열린 글쓰기를 창조하고 상상과 신화를 부추기는 실재와 다른 어법을 찾아내는 것이다. 잡사와 작품 사이의 상응을 위대한 문학 작품들의 시사성의 증거로서 이해하기보다는 오히려 소통하고 대립하는 두 가지 글쓰기 체계 사이의 끊임없는 대화의 결과로서 이해해야만 한다.

참고 문헌

1. 잡사 연구에 필요한 작품

AUCLAIR Georges, *Le Mana quotidien, structures et fonctions de la chronique des faits divers*, Anthropos, 1982.

이 사회인류학 소론에서, 작가는 잡사의 사회적 역할과 집단 무의식 속에서의 그것의 상징적이고 정서적인 반향을 연구한다. 구조적인 동시에 정신분석적·민족학적·사회학적인 해석을 통해, 잡사 이야기의 주요한 결합들을 구조화하는 의미 작용들의 체계를 묘사하고 각각이 어떻게 불가해한 것을 한정하려고 애쓰는지를 보여 준다.

AWAD Gloria, *Du sensationnel*, L'Harmattan, coll. 〈Logiques sociales〉, 1995.

저널리즘 속에서 사실 기록의 위치를 분석한 작품으로, 센세이션을 일으키는 내용에 비추어 기사의 가치에 관해 자문한다.

BAILLON Jean-Claude(dirigé par), 〈Faits-divers. Annales des passions excessives〉, revue *Autrement*, n° 98, avril 1988.

이 호에서 저널리스트들·사회학자들·작가들이 참여하여 어떻게 잡사가 광신과 공포·환상의 놀이이면서, 동시에 정열적으로 구체화되는 문학과 글쓰기의 놀이인지를 보여 준다.

BARTHES Roland, *Essais critiques*, Seuil, coll. 〈Points〉, 1981.

본질적이고 기본적인 논문 〈잡사의 구조〉에서 잡사를 분류하는 구조적 접근을 제안한다.

LECERF Maurice, *Les Faits divers*, Larousse, coll. 〈Idéologies et sociétés〉, 1981.

이 작품은 사회학적이고 문학적인 측면에서 잡사를 해독하고 있다.

그외 자료들

〈Le fait divers〉, *Le Français aujourd'hui*, décembre 1988.

〈La presse écrite au collège〉, *L'École des lettres*, n° 8, 15 février 1997.

〈Le fait divers: une rubrique à haut risque〉, *Textes et documents pour la classe*, n° 732, 15-31 mars 1997.

〈Les faits divers. Une séduisante monstruosité〉, *Encres vagabondes*, n° 11, mai-août 1997.

2. 참고 작품

BARTHES Roland, *Mythologies*, Seuil, coll. 〈Points〉, 1957.

DARMON Pierre, *La Malle Gouffé*, Denoël, 1988; *Médecins et assassins à la Belle Époque*, Seuil, 1989.

FOUCAULT Michel, *Moi, Pierre Rivière, ayant égorgé ma mère, ma soeur et mon frère······ Un cas de parricide au XIXᵉ siècle*, Gallimard/ Julliard, coll. 〈Folio〉, 1973; *Surveiller et punir*, Gallimard, coll. 〈Tel〉, 1975.

GROJNOWSKI Daniel, 〈France-Soir: la mise en récit et la mise en image〉, *Le Français aujourd'hui*, n° 47, 1979; *Lire la nouvelle*, Dunod, 1993.

KALIFA Dominique, *L'Encre et le Sang. Récits de crimes et société à la Belle Epoque*, Fayard, 1995.

LITS Marc, *Le Roman policier. Introduction à la théorie et à l'histoire d'un genre littéraire*, Liège, CEFAL, 1993.

이 소론은 장르적·구조적·테마적·사회학적 각도에서 추리 장르에 접근하며, 잡사와 추리 소설과의 관계에 대해 적절하게 의문을 제기하는 부분이 있다.

3. 인용 문학 작품

ARAGON Louis, *Le Paysan de Paris*, Gallimard, 1926.

AVELINE Claude, *L'Abonné de la ligne U*, Mercure de France, 1964.

BALZAC Honoré de, *Illusions perdues*, Gallimard, coll. 〈Folio〉, 1974.

BATAILLE Georges, *Le Procès de Gilles de Rais dans Œuvres complètes*, tome X, Gallimard, 1987.

BEAUVOIR Simone de, *La Force de l'âge*, Gallimard, coll. 〈Folio〉, 1960.

BON François, *Un fait divers*, Éditions de Minuit, 1993.

BRETON André, *Clair de terre*, Gallimard, coll. 〈Poésie〉, 1966; *L'Amour fou*, Gallimard, 1937; *Nadja*, Gallimard, coll. 〈Folio〉, 1964; *Anthologie de l'humour noir*, Jean-Jacques Pauvert, 1972.

CAILLOIS Roger, 〈Sociologie du bourreau〉, dans *Instincts et société*, Denoël/Gonthier, coll. 〈Médiations〉, n° 24, 1964.

CAMUS Albert, *L'Étranger*(1942), Gallimard, coll. 〈Folio〉, 1971.

CENDRARS Blaise, *Dix-neufs poèmes élastiques*, Denoël, 1947.

DAENINCKX Didier, *Le Facteur fatal*, Denoël, 1990; Gallimard, coll. 〈Folio〉, 1991.

FÉNÉON Félix, *Nouvelles en trois lignes*, Macula, coll. 〈Macula littérature〉, 1990.

GIDE André, *Souvenirs de la cour d'assises dans Œuvres complètes*, tome VII, Gallimard, 1934; *Les Caves du Vatican*(1914), Gallimard, 1947.

HUGO Victor, *Le Dernier jour d'un condamné*, Gallimard, coll. 〈Folio〉, 1970; *Les Misérables*, Garnier-Flammarion, 1967.

HUYSMANS Joris-Karl, *Là-bas*, Garnier-Flammarion, 1978.

JARRY Alfred, *Œuvres complètes*, tome II, Gallimard, coll. 〈Bibliothèque de la Pléiade〉, 1987.

JOUHANDEAU Marcel, *Trois crimes rituels*, Gallimard, 1962.

LAUTRÉAMONT, Les Chants de Maldoror, Garnier-Flammarion, 1969.

LE CLÉZIO Jean-Marie G., *La Ronde et autres faits divers*, Gallimard, coll. 〈Folio〉, 1982; *Le Procès-verbal*, Gallimard, coll. 〈Folio〉, 1973.

LEIRIS Michel, *L'Âge d'homme*, Gallimard, 1939; *Biffures*, Gallimard, 1948.

MAUPASSANT Guy de, *Contes et nouvelles*, tome II, Gallimard, coll. 〈Bibliothèque de la Pléiade〉, 1979.

MAURIAC François, *Thérèse Desqueyroux dans Œuvres romanesques et théâtrales complètes*, tome II, Gallimard, coll. 〈Bibliothèque de la

Pléiade⟩, 1979.

NERVAL Gérard de, *Œuvres complètes*, Gallimard, coll. ⟨Bibliothèque de la Pléiade⟩, 1989.

PEREC Georges, *Je me souviens*, Hachette, coll. ⟨Textes du xxᵉ siècle⟩, 1978.

PROUST Marcel, *Pastiches et mélanges*(1919), Gallimard, coll. ⟨L'Imaginaire⟩, 1992.

ROBBE−GRILLET Alain, *Les Gommes*, Éditions de Minuit, 1953.

SARTRE Jean−Paul, Érostrate dans *Œuvres romanesques*, Gallimard, coll. ⟨Bibliothèque de la Pléiade⟩, 1981.

SIMENON Georges, *Le Chien jaune*, Pocket, 1991.

<h1 style="text-align:center">색 인</h1>

최정아
부산대학교 불어불문학과 박사과정 수료
역서: 《진리의 길》

잡사와 문학

초판발행 : 2004년 12월 20일

東 文 選

제10-64호, 78. 12. 16 등록
110-300 서울 종로구 관훈동 74
전화 : 737-2795

편집설계 : 朴 月

ISBN 89-8038-259-6 94800
ISBN 89-8038-050-X (세트/현대신서)

【東文選 現代新書】

1 21세기를 위한 새로운 엘리트	FORESEEN 연구소 / 김경현	7,000원
2 의지, 의무, 자유 — 주제별 논술	L. 밀러 / 이대희	6,000원
3 사유의 패배	A. 핑켈크로트 / 주태환	7,000원
4 문학이론	J. 컬러 / 이은경 · 임옥희	7,000원
5 불교란 무엇인가	D. 키언 / 고길환	6,000원
6 유대교란 무엇인가	N. 솔로몬 / 최창모	6,000원
7 20세기 프랑스철학	E. 매슈스 / 김종갑	8,000원
8 강의에 대한 강의	P. 부르디외 / 현택수	6,000원
9 텔레비전에 대하여	P. 부르디외 / 현택수	7,000원
10 고고학이란 무엇인가	P. 반 / 박범수	8,000원
11 우리는 무엇을 아는가	T. 나겔 / 오영미	5,000원
12 에쁘롱 — 니체의 문체들	J. 데리다 / 김다은	7,000원
13 히스테리 사례분석	S. 프로이트 / 태혜숙	7,000원
14 사랑의 지혜	A. 핑켈크로트 / 권유현	6,000원
15 일반미학	R. 카이유와 / 이경자	6,000원
16 본다는 것의 의미	J. 버거 / 박범수	10,000원
17 일본영화사	M. 테시에 / 최은미	7,000원
18 청소년을 위한 철학교실	A. 자카르 / 장혜영	7,000원
19 미술사학 입문	M. 포인턴 / 박범수	8,000원
20 클래식	M. 비어드 · J. 헨더슨 / 박범수	6,000원
21 정치란 무엇인가	K. 미노그 / 이정철	6,000원
22 이미지의 폭력	O. 몽젱 / 이은민	8,000원
23 청소년을 위한 경제학교실	J. C. 드루엥 / 조은미	6,000원
24 순진함의 유혹 〔메디시스賞 수상작〕	P. 브뤼크네르 / 김웅권	9,000원
25 청소년을 위한 이야기 경제학	A. 푸르상 / 이은민	8,000원
26 부르디외 사회학 입문	P. 보네위츠 / 문경자	7,000원
27 돈은 하늘에서 떨어지지 않는다	K. 아른트 / 유영미	6,000원
28 상상력의 세계사	R. 보이아 / 김웅권	9,000원
29 지식을 교환하는 새로운 기술	A. 벵토릴라 外 / 김혜경	6,000원
30 니체 읽기	R. 비어즈워스 / 김웅권	6,000원
31 노동, 교환, 기술 — 주제별 논술	B. 데코사 / 신은영	6,000원
32 미국만들기	R. 로티 / 임옥희	10,000원
33 연극의 이해	A. 쿠프리 / 장혜영	8,000원
34 라틴문학의 이해	J. 가야르 / 김교신	8,000원
35 여성적 가치의 선택	FORESEEN연구소 / 문신원	7,000원
36 동양과 서양 사이	L. 이리가라이 / 이은민	7,000원
37 영화와 문학	R. 리처드슨 / 이형식	8,000원
38 분류하기의 유혹 — 생각하기와 조직하기	G. 비뇨 / 임기대	7,000원
39 사실주의 문학의 이해	G. 라루 / 조성애	8,000원
40 윤리학 — 악에 대한 의식에 관하여	A. 바디우 / 이종영	7,000원
41 흙과 재 〔소설〕	A. 라히미 / 김주경	6,000원

42 진보의 미래	D. 르쿠르 / 김영선	6,000원
43 중세에 살기	J. 르 고프 外 / 최애리	8,000원
44 쾌락의 횡포·상	J. C. 기유보 / 김웅권	10,000원
45 쾌락의 횡포·하	J. C. 기유보 / 김웅권	10,000원
46 운디네와 지식의 불	B. 데스파냐 / 김웅권	8,000원
47 이성의 한가운데에서 — 이성과 신앙	A. 퀴노 / 최은영	6,000원
48 도덕적 명령	FORESEEN 연구소 / 우강택	6,000원
49 망각의 형태	M. 오제 / 김수경	6,000원
50 느리게 산다는 것의 의미·1	P. 쌍소 / 김주경	7,000원
51 나만의 자유를 찾아서	C. 토마스 / 문신원	6,000원
52 음악적 삶의 의미	M. 존스 / 송인영	근간
53 나의 철학 유언	J. 기통 / 권유현	8,000원
54 타르튀프 / 서민귀족 〔희곡〕	몰리에르 / 덕성여대극예술비교연구회	8,000원
55 판타지 공장	A. 플라워즈 / 박범수	10,000원
56 홍수·상 〔완역판〕	J. M. G. 르 클레지오 / 신미경	8,000원
57 홍수·하 〔완역판〕	J. M. G. 르 클레지오 / 신미경	8,000원
58 일신교 — 성경과 철학자들	E. 오르티그 / 전광호	6,000원
59 프랑스 시의 이해	A. 바이양 / 김다은·이혜지	8,000원
60 종교철학	J. P. 힉 / 김희수	10,000원
61 고요함의 폭력	V. 포레스테 / 박은영	8,000원
62 고대 그리스의 시민	C. 모세 / 김덕희	7,000원
63 미학개론 — 예술철학입문	A. 셰퍼드 / 유호전	10,000원
64 논증 — 담화에서 사고까지	G. 비뇨 / 임기대	6,000원
65 역사 — 성찰된 시간	F. 도스 / 김미겸	7,000원
66 비교문학개요	F. 클로동·K. 아다-보트링 / 김정란	8,000원
67 남성지배	P. 부르디외 / 김용숙	개정판 10,000원
68 호모사피언스에서 인터렉티브인간으로	FORESEEN 연구소 / 공나리	8,000원
69 상투어 — 언어·담론·사회	R. 아모시·A. H. 피에로 / 조성애	9,000원
70 우주론이란 무엇인가	P. 코올즈 / 송형석	8,000원
71 푸코 읽기	P. 빌루에 / 나길래	8,000원
72 문학논술	J. 파프·D. 로쉬 / 권종분	8,000원
73 한국전통예술개론	沈雨晟	10,000원
74 시학 — 문학 형식 일반론 입문	D. 퐁텐 / 이용주	8,000원
75 진리의 길	A. 보다르 / 김승철·최정아	9,000원
76 동물성 — 인간의 위상에 관하여	D. 르스텔 / 김승철	6,000원
77 랑가쥬 이론 서설	L. 옐름슬레우 / 김용숙·김혜련	10,000원
78 잔혹성의 미학	F. 토넬리 / 박형섭	9,000원
79 문학 텍스트의 정신분석	M. J. 벨멩-노엘 / 심재중·최애영	9,000원
80 무관심의 절정	J. 보드리야르 / 이은민	8,000원
81 영원한 황홀	P. 브뤼크네르 / 김웅권	9,000원
82 노동의 종말에 반하여	D. 슈나페르 / 김교신	6,000원
83 프랑스영화사	J. -P. 장콜라 / 김혜련	8,000원

84	조와(弔蛙)	金敎臣 / 노치준·민혜숙	8,000원
85	역사적 관점에서 본 시네마	J. -L. 뢰트라 / 곽노경	8,000원
86	욕망에 대하여	M. 슈벨 / 서민원	8,000원
87	산다는 것의 의미·1—여분의 행복	P. 쌍소 / 김주경	7,000원
88	철학 연습	M. 아롱델-로오 / 최은영	8,000원
89	삶의 기쁨들	D. 노게 / 이은민	6,000원
90	이탈리아영화사	L. 스키파노 / 이주현	8,000원
91	한국문화론	趙興胤	10,000원
92	현대연극미학	M. -A. 샤르보니에 / 홍지화	8,000원
93	느리게 산다는 것의 의미·2	P. 쌍소 / 김주경	7,000원
94	진정한 모럴은 모럴을 비웃는다	A. 에슈고엔 / 김웅권	8,000원
95	한국종교문화론	趙興胤	10,000원
96	근원적 열정	L. 이리가라이 / 박정오	9,000원
97	라캉, 주체 개념의 형성	B. 오질비 / 김 석	9,000원
98	미국식 사회 모델	J. 바이스 / 김종명	7,000원
99	소쉬르와 언어과학	P. 가데 / 김용숙·임정혜	10,000원
100	철학적 기본 개념	R. 페르버 / 조국현	8,000원
101	맞불	P. 부르디외 / 현택수	10,000원
102	글렌 굴드, 피아노 솔로	M. 슈나이더 / 이창실	7,000원
103	문학비평에서의 실험	C. S. 루이스 / 허 종	8,000원
104	코뿔소 〔희곡〕	E. 이오네스코 / 박형섭	8,000원
105	지각—감각에 관하여	R. 바르바라 / 공정아	7,000원
106	철학이란 무엇인가	E. 크레이그 / 최생열	8,000원
107	경제, 거대한 사탄인가?	P. -N. 지로 / 김교신	7,000원
108	딸에게 들려 주는 작은 철학	R. 시몬 셰퍼 / 안상원	7,000원
109	도덕에 관한 에세이	C. 로슈·J. -J. 바레르 / 고수현	6,000원
110	프랑스 고전비극	B. 클레망 / 송민숙	8,000원
111	고전수사학	G. 위딩 / 박성철	10,000원
112	유토피아	T. 파코 / 조성애	7,000원
113	쥐비알	A. 자르댕 / 김남주	7,000원
114	증오의 모호한 대상	J. 아순 / 김승철	8,000원
115	개인—주체철학에 대한 고찰	A. 르노 / 장정아	7,000원
116	이슬람이란 무엇인가	M. 루스벤 / 최생열	8,000원
117	테러리즘의 정신	J. 보드리야르 / 배영달	8,000원
118	역사란 무엇인가	존. H. 아널드 / 최생열	8,000원
119	느리게 산다는 것의 의미·3	P. 쌍소 / 김주경	7,000원
120	문학과 정치 사상	P. 페티티에 / 이종민	8,000원
121	가장 아름다운 하나님 이야기	A. 보테르 外 / 주태환	8,000원
122	시민 교육	P. 카니베즈 / 박주원	9,000원
123	스페인영화사	J.- C. 스갱 / 정동섭	8,000원
124	인터넷상에서—행동하는 지성	H. L. 드레퓌스 / 정혜욱	9,000원
125	내 몸의 신비—세상에서 가장 큰 기적	A. 지오르당 / 이규식	7,000원

126 세 가지 생태학　　　　　　　　　　F. 가타리 / 윤수종　　　　　　　　　8,000원
127 모리스 블랑쇼에 대하여　　　　　　E. 레비나스 / 박규현　　　　　　　9,000원
128 위뷔 왕 〔희곡〕　　　　　　　　　　A. 자리 / 박형섭　　　　　　　　　8,000원
129 번영의 비참　　　　　　　　　　　　P. 브뤼크네르 / 이창실　　　　　　8,000원
130 무사도란 무엇인가　　　　　　　　　新渡戶稻造 / 沈雨晟　　　　　　　7,000원
131 꿈과 공포의 미로 〔소설〕　　　　　　A. 라히미 / 김주경　　　　　　　　8,000원
132 문학은 무슨 소용이 있는가?　　　　D. 살나브 / 김교신　　　　　　　　7,000원
133 종교에 대하여─행동하는 지성　　　존 D. 카푸토 / 최생열　　　　　　9,000원
134 노동사회학　　　　　　　　　　　　M. 스트루방 / 박주원　　　　　　　8,000원
135 맞불·2　　　　　　　　　　　　　　P. 부르디외 / 김교신　　　　　　　10,000원
136 믿음에 대하여─행동하는 지성　　　S. 지제크 / 최생열　　　　　　　　9,000원
137 법, 정의, 국가　　　　　　　　　　　A. 기그 / 민혜숙　　　　　　　　　8,000원
138 인식, 상상력, 예술　　　　　　　　　E. 아카마츄 / 최돈호　　　　　　　근간
139 위기의 대학　　　　　　　　　　　　ARESER / 김교신　　　　　　　　　10,000원
140 카오스모제　　　　　　　　　　　　F. 가타리 / 윤수종　　　　　　　　10,000원
141 코란이란 무엇인가　　　　　　　　　M. 쿡 / 이강훈　　　　　　　　　　9,000원
142 신학이란 무엇인가　　　　　　　　　D. 포드 / 강혜원·노치준　　　　　9,000원
143 누보 로망, 누보 시네마　　　　　　　C. 뮈르시아 / 이창실　　　　　　　8,000원
144 지능이란 무엇인가　　　　　　　　　I. J. 디어리 / 송형석　　　　　　　근간
145 죽음─유한성에 관하여　　　　　　　F. 다스튀르 / 나길래　　　　　　　8,000원
146 철학에 입문하기　　　　　　　　　　Y. 카탱 / 박선주　　　　　　　　　8,000원
147 지옥의 힘　　　　　　　　　　　　　J. 보드리야르 / 배영달　　　　　　8,000원
148 철학 기초 강의　　　　　　　　　　　F. 로피 / 공나리　　　　　　　　　8,000원
149 시네마토그래프에 대한 단상　　　　R. 브레송 / 오일환·김경온　　　　9,000원
150 성서란 무엇인가　　　　　　　　　　J. 리치스 / 최생열　　　　　　　　근간
151 프랑스 문학사회학　　　　　　　　　신미경　　　　　　　　　　　　　　8,000원
152 잡사와 문학　　　　　　　　　　　　F. 에브라르 / 최정아　　　　　　　10,000원
153 세계의 폭력　　　　　　　　　　　　J. 보드리야르·E. 모랭 / 배영달　　9,000원
154 잠수복과 나비　　　　　　　　　　　J. -D. 보비 / 양영란　　　　　　　6,000원
155 고전 할리우드 영화　　　　　　　　　J. 나카시 / 최은영　　　　　　　　10,000원
156 마지막 말, 마지막 미소　　　　　　　B. 드 카스텔바자크 / 김승철·장정아　근간
157 몸의 시학　　　　　　　　　　　　　J. 피죠 / 김선미　　　　　　　　　근간
158 철학의 기원에 관하여　　　　　　　　C. 콜로베르 / 김정란　　　　　　　8,000원
159 지혜에 대한 숙고　　　　　　　　　　J. -M. 베스니에르 / 곽노경　　　　8,000원
160 자연주의 미학과 시학　　　　　　　　조성애　　　　　　　　　　　　　　10,000원
161 소설 분석─현대적 방법론과 기법　　B. 발레트 / 조성애　　　　　　　　10,000원
162 사회학이란 무엇인가　　　　　　　　S. 브루스 / 김경안　　　　　　　　근간
163 인도철학입문　　　　　　　　　　　　S. 헤밀턴 / 고길환　　　　　　　　근간
164 심리학이란 무엇인가　　　　　　　　G. 버틀러·F. 맥마누스 / 이재현　근간
165 발자크 비평　　　　　　　　　　　　J. 줄레즈 / 이정민　　　　　　　　근간
166 결별을 위하여　　　　　　　　　　　G. 마츠네프 / 권은희·최은희　　　근간
167 인류학이란 무엇인가　　　　　　　　J. 모나건 外 / 김경안　　　　　　　근간

27 原始佛敎	中村元 / 鄭泰爀	8,000원
28 朝鮮女俗考	李能和 / 金尙憶	24,000원
29 朝鮮解語花史(조선기생사)	李能和 / 李在崑	25,000원
30 조선창극사	鄭魯湜	17,000원
31 동양회화미학	崔炳植	18,000원
32 性과 결혼의 민족학	和田正平 / 沈雨晟	9,000원
33 農漁俗談辭典	宋在璇	12,000원
34 朝鮮의 鬼神	村山智順 / 金禧慶	12,000원
35 道敎와 中國文化	葛兆光 / 沈揆昊	15,000원
36 禪宗과 中國文化	葛兆光 / 鄭相泓·任炳權	8,000원
37 오페라의 역사	L. 오레이 / 류연희	절판
38 인도종교미술	A. 무케르지 / 崔炳植	14,000원
39 힌두교의 그림언어	안넬리제 外 / 全在星	9,000원
40 중국고대사회	許進雄 / 洪 憙	30,000원
41 중국문화개론	李宗桂 / 李宰碩	23,000원
42 龍鳳文化源流	王大有 / 林東錫	25,000원
43 甲骨學通論	王宇信 / 李宰碩	40,000원
44 朝鮮巫俗考	李能和 / 李在崑	20,000원
45 미술과 페미니즘	N. 부루드 外 / 扈承喜	9,000원
46 아프리카미술	P. 윌레뜨 / 崔炳植	절판
47 美의 歷程	李澤厚 / 尹壽榮	28,000원
48 曼茶羅의 神들	立川武藏 / 金龜山	19,000원
49 朝鮮歲時記	洪錫謨 外/李錫浩	30,000원
50 하 상	蘇曉康 外 / 洪 憙	절판
51 武藝圖譜通志 實技解題	正 祖 / 沈雨晟·金光錫	15,000원
52 古文字學첫걸음	李學勤 / 河永三	14,000원
53 體育美學	胡小明 / 閔永淑	10,000원
54 아시아 美術의 再發見	崔炳植	9,000원
55 曆과 占의 科學	永田久 / 沈雨晟	8,000원
56 中國小學史	胡奇光 / 李宰碩	20,000원
57 中國甲骨學史	吳浩坤 外 / 梁東淑	35,000원
58 꿈의 철학	劉文英 / 河永三	22,000원
59 女神들의 인도	立川武藏 / 金龜山	19,000원
60 性의 역사	J. L. 플랑드렝 / 편집부	18,000원
61 쉬르섹슈얼리티	W. 챠드윅 / 편집부	10,000원
62 여성속담사전	宋在璇	18,000원
63 박재서희곡선	朴栽緒	10,000원
64 東北民族源流	孫進己 / 林東錫	13,000원
65 朝鮮巫俗의 研究(상·하)	赤松智城·秋葉隆 / 沈雨晟	28,000원
66 中國文學 속의 孤獨感	斯波六郎 / 尹壽榮	8,000원
67 한국사회주의 연극운동사	李康列	8,000원
68 스포츠인류학	K. 블랑챠드 外 / 박기동 外	12,000원

69 리조복식도감	리팔찬	20,000원
70 娼 婦	A. 꼬르뱅 / 李宗旼	22,000원
71 조선민요연구	高晶玉	30,000원
72 楚文化史	張正明 / 南宗鎭	26,000원
73 시간, 욕망, 그리고 공포	A. 코르뱅 / 변기찬	18,000원
74 本國劍	金光錫	40,000원
75 노트와 반노트	E. 이오네스코 / 박형섭	20,000원
76 朝鮮美術史硏究	尹喜淳	7,000원
77 拳法要訣	金光錫	30,000원
78 艸衣選集	艸衣意恂 / 林鍾旭	20,000원
79 漢語音韻學講義	董少文 / 林東錫	10,000원
80 이오네스코 연극미학	C. 위베르 / 박형섭	9,000원
81 중국문자훈고학사전	全廣鎭 편역	23,000원
82 상말속담사전	宋在璇	10,000원
83 書法論叢	沈尹默 / 郭魯鳳	16,000원
84 침실의 문화사	P. 디비 / 편집부	9,000원
85 禮의 精神	柳 肅 / 洪 熹	20,000원
86 조선공예개관	沈雨晟 편역	30,000원
87 性愛의 社會史	J. 솔레 / 李宗旼	18,000원
88 러시아미술사	A. I. 조토프 / 이건수	22,000원
89 中國書藝論文選	郭魯鳳 選譯	25,000원
90 朝鮮美術史	關野貞 / 沈雨晟	30,000원
91 美術版 탄트라	P. 로슨 / 편집부	8,000원
92 군달리니	A. 무케르지 / 편집부	9,000원
93 카마수트라	바짜야나 / 鄭泰爀	18,000원
94 중국언어학총론	J. 노먼 / 全廣鎭	28,000원
95 運氣學說	任應秋 / 李宰碩	15,000원
96 동물속담사전	宋在璇	20,000원
97 자본주의의 아비투스	P. 부르디외 / 최종철	10,000원
98 宗敎學入門	F. 막스 뮐러 / 金龜山	10,000원
99 변 화	P. 바츨라빅크 外 / 박인철	10,000원
100 우리나라 민속놀이	沈雨晟	15,000원
101 歌訣(중국역대명언경구집)	李宰碩 편역	20,000원
102 아니마와 아니무스	A. 융 / 박해순	8,000원
103 나, 너, 우리	L. 이리가라이 / 박정오	12,000원
104 베케트연극론	M. 푸크레 / 박형섭	8,000원
105 포르노그래피	A. 드워킨 / 유혜련	12,000원
106 셸 링	M. 하이데거 / 최상욱	12,000원
107 프랑수아 비용	宋 勉	18,000원
108 중국서예 80제	郭魯鳳 편역	16,000원
109 性과 미디어	W. B. 키 / 박해순	12,000원
110 中國正史朝鮮列國傳(전2권)	金聲九 편역	120,000원

111	질병의 기원	T. 매큐언 / 서 일·박종연	12,000원
112	과학과 젠더	E. F. 켈러 / 민경숙·이현주	10,000원
113	물질문명·경제·자본주의	F. 브로델 / 이문숙 外	절판
114	이탈리아인 태고의 지혜	G. 비코 / 李源斗	8,000원
115	中國武俠史	陳 山 / 姜鳳求	18,000원
116	공포의 권력	J. 크리스테바 / 서민원	23,000원
117	주색잡기속담사전	宋在璇	15,000원
118	죽음 앞에 선 인간(상·하)	P. 아리에스 / 劉仙子	각권 8,000원
119	철학에 대하여	L. 알튀세르 / 서관모·백승욱	12,000원
120	다른 곳	J. 데리다 / 김다은·이혜지	10,000원
121	문학비평방법론	D. 베르제 外 / 민혜숙	12,000원
122	자기의 테크놀로지	M. 푸코 / 이희원	16,000원
123	새로운 학문	G. 비코 / 李源斗	22,000원
124	천재와 광기	P. 브르노 / 김웅권	13,000원
125	중국은사문화	馬 華·陳正宏 / 강경범·천현경	12,000원
126	푸코와 페미니즘	C. 라마자노글루 外 / 최 영 外	16,000원
127	역사주의	P. 해밀턴 / 임옥희	12,000원
128	中國書藝美學	宋 民 / 郭魯鳳	16,000원
129	죽음의 역사	P. 아리에스 / 이종민	18,000원
130	돈속담사전	宋在璇 편	15,000원
131	동양극장과 연극인들	김영무	15,000원
132	生育神과 性巫術	宋兆麟 / 洪 熹	20,000원
133	미학의 핵심	M. M. 이턴 / 유호전	20,000원
134	전사와 농민	J. 뒤비 / 최생열	18,000원
135	여성의 상태	N. 에니크 / 서민원	22,000원
136	중세의 지식인들	J. 르 고프 / 최애리	18,000원
137	구조주의의 역사(전4권)	F. 도스 / 김웅권 外	Ⅰ·Ⅱ·Ⅳ 15,000원 / Ⅲ 18,000원
138	글쓰기의 문제해결전략	L. 플라워 / 원진숙·황정현	20,000원
139	음식속담사전	宋在璇 편	16,000원
140	고전수필개론	權 瑚	16,000원
141	예술의 규칙	P. 부르디외 / 하태환	23,000원
142	"사회를 보호해야 한다"	M. 푸코 / 박정자	20,000원
143	페미니즘사전	L. 터틀 / 호승희·유혜련	26,000원
144	여성심벌사전	B. G. 워커 / 정소영	근간
145	모데르니테 모데르니테	H. 메쇼닉 / 김다은	20,000원
146	눈물의 역사	A. 벵상뷔포 / 이자경	18,000원
147	모더니티입문	H. 르페브르 / 이종민	24,000원
148	재생산	P. 부르디외 / 이상호	23,000원
149	종교철학의 핵심	W. J. 웨인라이트 / 김희수	18,000원
150	기호와 몽상	A. 시몽 / 박형섭	22,000원
151	융분석비평사전	A. 새뮤얼 外 / 민혜숙	16,000원
152	운보 김기창 예술론연구	최병식	14,000원

153 시적 언어의 혁명	J. 크리스테바 / 김인환	20,000원
154 예술의 위기	Y. 미쇼 / 하태환	15,000원
155 프랑스사회사	G. 뒤프 / 박 단	16,000원
156 중국문예심리학사	劉偉林 / 沈揆昊	30,000원
157 무지카 프라티카	M. 캐넌 / 김혜중	25,000원
158 불교산책	鄭泰爀	20,000원
159 인간과 죽음	E. 모랭 / 김명숙	23,000원
160 地中海(전5권)	F. 브로델 / 李宗旼	근간
161 漢語文字學史	黃德實·陳秉新 / 河永三	24,000원
162 글쓰기와 차이	J. 데리다 / 남수인	28,000원
163 朝鮮神事誌	李能和 / 李在崑	근간
164 영국제국주의	S. C. 스미스 / 이태숙·김종원	16,000원
165 영화서술학	A. 고드로·F. 조스트 / 송지연	17,000원
166 美學辭典	사사키 겡이치 / 민주식	22,000원
167 하나이지 않은 성	L. 이리가라이 / 이은민	18,000원
168 中國歷代書論	郭魯鳳 譯註	25,000원
169 요가수트라	鄭泰爀	15,000원
170 비정상인들	M. 푸코 / 박정자	25,000원
171 미친 진실	J. 크리스테바 外 / 서민원	25,000원
172 디스탱숑(상·하)	P. 부르디외 / 이종민	근간
173 세계의 비참(전3권)	P. 부르디외 外 / 김주경	각권 26,000원
174 수묵의 사상과 역사	崔炳植	근간
175 파스칼적 명상	P. 부르디외 / 김웅권	22,000원
176 지방의 계몽주의	D. 로슈 / 주명철	30,000원
177 이혼의 역사	R. 필립스 / 박범수	25,000원
178 사랑의 단상	R. 바르트 / 김희영	20,000원
179 中國書藝理論體系	熊秉明 / 郭魯鳳	23,000원
180 미술시장과 경영	崔炳植	16,000원
181 카프카 — 소수적인 문학을 위하여	G. 들뢰즈·F. 가타리 / 이진경	18,000원
182 이미지의 힘 — 영상과 섹슈얼리티	A. 쿤 / 이형식	13,000원
183 공간의 시학	G. 바슐라르 / 곽광수	23,000원
184 랑데부 — 이미지와의 만남	J. 버거 / 임옥희·이은경	18,000원
185 푸코와 문학 — 글쓰기의 계보학을 향하여	S. 듀링 / 오경심·홍유미	26,000원
186 각색, 연극에서 영화로	A. 엘보 / 이선형	16,000원
187 폭력과 여성들	C. 도펭 外 / 이은민	18,000원
188 하드 바디 — 할리우드 영화에 나타난 남성성	S. 제퍼드 / 이형식	18,000원
189 영화의 환상성	J. -L. 뢰트라 / 김경온·오일환	18,000원
190 번역과 제국	D. 로빈슨 / 정혜욱	16,000원
191 그라마톨로지에 대하여	J. 데리다 / 김웅권	35,000원
192 보건 유토피아	R. 브로만 外 / 서민원	20,000원
193 현대의 신화	R. 바르트 / 이화여대기호학연구소	20,000원
194 중국회화백문백답	郭魯鳳	근간

195 고서화감정개론	徐邦達 / 郭魯鳳	30,000원
196 상상의 박물관	A. 말로 / 김웅권	26,000원
197 부빈의 일요일	J. 뒤비 / 최생열	22,000원
198 아인슈타인의 최대 실수	D. 골드스미스 / 박범수	16,000원
199 유인원, 사이보그, 그리고 여자	D. 해러웨이 / 민경숙	25,000원
200 공동생활 속의 개인주의	F. 드 생글리 / 최은영	20,000원
201 기식자	M. 세르 / 김웅권	24,000원
202 연극미학 — 플라톤에서 브레히트까지의 텍스트들	J. 셰레 外 / 홍지화	24,000원
203 철학자들의 신	W. 바이셰델 / 최상욱	34,000원
204 고대 세계의 정치	모제스 I. 핀레이 / 최생열	16,000원
205 프란츠 카프카의 고독	M. 로베르 / 이창실	18,000원
206 문화 학습 — 실천적 입문서	J. 자일스·T. 미들턴 / 장성희	24,000원
207 호모 아카데미쿠스	P. 부르디외 / 임기대	근간
208 朝鮮槍棒敎程	金光錫	40,000원
209 자유의 순간	P. M. 코헨 / 최하영	16,000원
210 밀교의 세계	鄭泰爀	16,000원
211 토탈 스크린	J. 보드리야르 / 배영달	19,000원
212 영화와 문학의 서술학	F. 바누아 / 송지연	22,000원
213 텍스트의 즐거움	R. 바르트 / 김희영	15,000원
214 영화의 직업들	B. 라트롱슈 / 김경온·오일환	16,000원
215 소설과 신화	이용주	15,000원
216 문화와 계급 — 부르디외와 한국 사회	홍성민 外	18,000원
217 작은 사건들	R. 바르트 / 김주경	14,000원
218 연극분석입문	J. -P. 링가르 / 박형섭	18,000원
219 푸코	G. 들뢰즈 / 허 경	17,000원
220 우리나라 도자기와 가마터	宋在璇	30,000원
221 보이는 것과 보이지 않는 것	M. 퐁티 / 남수인·최의영	30,000원
222 메두사의 웃음/출구	H. 식수 / 박혜영	19,000원
223 담화 속의 논증	R. 아모시 / 장인봉	20,000원
224 포켓의 형태	J. 버거 / 이영주	근간
225 이미지심벌사전	A. 드 브리스 / 이원두	근간
226 이데올로기	D. 호크스 / 고길환	16,000원
227 영화의 이론	B. 발라즈 / 이형식	20,000원
228 건축과 철학	J. 보드리야르·J. 누벨 / 배영달	16,000원
229 폴 리쾨르 — 삶의 의미들	F. 도스 / 이봉지 外	근간
230 서양철학사	A. 케니 / 이영주	29,000원
231 근대성과 육체의 정치학	D. 르 브르통 / 홍성민	20,000원
232 허난설헌	金成南	16,000원
233 인터넷 철학	G. 그레이엄 / 이영주	15,000원
234 사회학의 문제들	P. 부르디외 / 신미경	23,000원
235 의학적 추론	A. 시쿠렐 / 서민원	20,000원
236 튜링 — 인공지능 창시자	J. 라세구 / 임기대	16,000원

279 기독교윤리학의 이론과 방법론	김희수	24,000원
280 과학에서 생각하는 주제 100가지	I. 스탕저 外 / 김웅권	21,000원
281 말로와 소설의 상징시학	김웅권	22,000원
282 키에르케고르	C. 르 블랑 / 이창실	14,000원
283 시나리오 쓰기의 이론과 실제	A. 로슈 外 / 이용주	25,000원
1001 베토벤: 전원교향곡	D. W. 존스 / 김지순	15,000원
1002 모차르트: 하이든 현악 4중주곡	J. 어빙 / 김지순	14,000원
1003 베토벤: 에로이카 교향곡	T. 시프 / 김지순	18,000원
1004 모차르트: 주피터 교향곡	E. 시스먼 / 김지순	18,000원
1005 바흐: 브란덴부르크 협주곡	M. 보이드 / 김지순	18,000원
1006 바흐: B단조 미사	J. 버트 / 김지순	18,000원
2001 우리 아이들에게 어떤 지표를 주어야 할까?	J. L. 오베르 / 이창실	16,000원
2002 상처받은 아이들	N. 파브르 / 김주경	16,000원
2003 엄마 아빠, 꿈꿀 시간을 주세요!	E. 부젱 / 박주원	16,000원
2004 부모가 알아야 할 유치원의 모든 것들	N. 뒤 소수아 / 전재민	18,000원
2005 부모들이여, '안 돼' 라고 말하라!	P. 들라로슈 / 김주경	19,000원
2006 엄마 아빠, 전 못하겠어요!	E. 리공 / 이창실	18,000원
3001 《새》	C. 파글리아 / 이형식	13,000원
3002 《시민 케인》	L. 멀비 / 이형식	13,000원
3101 《제7의 봉인》 비평 연구	E. 그랑조르주 / 이은민	17,000원
3102 《쥘과 짐》 비평 연구	C. 르 베르 / 이은민	근간
3103 《시민 케인》 비평 연구	J. 루아 / 이용주	15,000원

【기 타】

▨ 모드의 체계	R. 바르트 / 이화여대기호학연구소	18,000원
▨ 라신에 관하여	R. 바르트 / 남수인	10,000원
▨ 說 苑 (上 · 下)	林東錫 譯註	각권 30,000원
▨ 晏子春秋	林東錫 譯註	30,000원
▨ 西京雜記	林東錫 譯註	20,000원
▨ 搜神記 (上 · 下)	林東錫 譯註	각권 30,000원
■ 경제적 공포〔메디치賞 수상작〕	V. 포레스테 / 김주경	7,000원
■ 古陶文字徵	高 明 · 葛英會	20,000원
■ 그리하여 어느날 사랑이여	이외수 편	4,000원
■ 딸에게 들려 주는 작은 지혜	N. 레흐레이트너 / 양영란	6,500원
■ 노력을 대신하는 것은 없다	R. 쉬이 / 유혜련	5,000원
■ 노블레스 오블리주	현택수 사회비평집	7,500원
■ 미래를 원한다	J. D. 로스네 / 문 선 · 김덕희	8,500원
■ 사랑의 존재	한용운	3,000원
■ 산이 높으면 마땅히 우러러볼 일이다	유 향 / 임동석	5,000원
■ 서기 1000년과 서기 2000년 그 두려움의 흔적들	J. 뒤비 / 양영란	8,000원
■ 서비스는 유행을 타지 않는다	B. 바게트 / 정소영	5,000원
■ 선종이야기	홍 희 편저	8,000원

東文選 現代新書 74

시 학 — 문학 형식 일반론 입문

다비드 퐁텐

이용주 옮김

이론 교과로서 시학은 모든 예술 사이에, 아름다움에 대한 학문으로 정의된 미학과 다양한 현존 언어들 사이에, 인간 언어에 대한 과학적 연구로 이해되는 언어학의 중간에 위치한다. 시학은 언어로 된 메시지의 미학적 측면, 즉 순간적인 다량의 의사 소통에서 전달된 정보 이후에 바로 사라지지 않고 수신자에게 메시지를 감지하게 만드는 것에 중점을 둔다.

2천5백 년 전 아리스토텔레스가 기초를 마련한 시학은 현대에 와서 문학의 특성, 즉 '문학성'에 대한 폭넓은 연구로 바뀌었다. 평가하고 해석하는 비평과 달리 시학은 언어 예술, 언어의 내적 규칙, 언어 기법, 언어 형식을 객관적으로 기술하고자 한다. 이 연구서는 먼저 역사적인 흐름에 따라 요약하고, 서술학, 픽션의 세계, 시적 언어, 의미화 과정, 문학 장르의 까다롭고 아주 흥미로운 문제까지 포함한 근대 문학 이론의 다양한 영역을 통해 심오하고 점진적인 과정을 제시한다.

저자 다비드 퐁텐 교수는 고등사범학교를 졸업하였으며, 철학 교수 자격 소지자이다.

東文選 文藝新書 162

글쓰기와 차이

자크 데리다

남수인 옮김

　해체론은 데리다식의 '읽기'와 '글쓰기' 형식이다. 데리다는 '해체들'이라고 복수형으로 쓰기를 더 좋아하면서 해체가 '기획' '방법론' '시스템'으로, 특히 '철학적 체계'로 이해되는 것을 거부한다. 왜 해체인가? 비평의 관념에는 미리 전제되고 설정된 미학적 혹은 문학적 가치 평가에 의거한 비판이라는 부정적인 이미지, 부정성이 필연적으로 내포되어 있는 바, 이러한 부정적인 기반을 넘어서는 讀法을 도입하기 위해서이다. 이 독법, 그것이 해체이다. 해체는 파괴가 아니다. 비하시키고 부정하고 넘어서는 것, '비평의 비평'을 하는 것이 아니다. 해체는 "다른 시발점, 요컨대 판단의 계보·의지·의식 또는 활동, 이원적 구조 등에서 출발하여 다른 가능성을 생각해 보는 것," 사유의 공간에 변형을 줌으로써 긍정이 드러나게 하는 읽기라고 데리다는 설명한다.

　《글쓰기와 차이》는 이러한 해체적 읽기의 전형을 보여 준다. 이 책은 1959-1966년 사이에 다양한 분야, 요컨대 문학 비평·철학·정신분석·인류학·문학을 대상으로 씌어진 에세이들을 수록하고 있다. 이 책은 루세의 구조주의에 대한 '비평'에서 시작하여, 루세가 탁월하지만 전제된 '도식'에 의한 읽기에 의해 자기 모순이 포함될 수밖에 없음을 지적함으로써 자신의 읽기가 체계적 읽기, 전제에 의거한 읽기, 전형(문법)을 찾는 구조주의적 읽기와 다름을 시사한다. 그것은 "텍스트의 표식, 흔적 또는 미결정 특성과, 텍스트의 여백·한계 또는 체제, 그리고 텍스트의 자체 한계선 결정이나 자체 경계선 결정과의 연관에서 텍스트를 텍스트로 읽는" 독법이 될 것이다. 이러한 독법을 통해 후설의 현상학을 바탕으로, 데리다는 어떻게 로고스 중심주의가 텍스트의 방향을 유도하고 결정하고 있는지 보여 주는 한편, 사유의 새로운 지평을 열어 보고자, 중요하지 않은 것으로 간주되어 경시되거나 방치된 문제들을 발견하고 있다.

東文選 文藝新書 186

각색, 연극에서 영화로

앙드레 엘보 / 이선형 옮김

　본 저서는 공증된 사실을 출발점으로 삼고 있다. 관객은 어두운 객석에서 무대를 바라보며 낯선 망설임과 대면한다. 무대막과 스크린은 만남과 동시에 분열을 이끌어 낸다. 무대 이미지와 영화 영상은 분명 동일한 딜레마를 제시하지는 않는다. (나쁜) 장르 혹은 (정말 악의적인) 텍스트의 존재를 믿는다면, 물음의 성질은 달라질 것이다. 공연의 방법들은 포착·기호 체계·전환·전이·변신이라는 이름의 몸짓으로 말하고, 조우하고, 돌진하고, 위장한다.

　과연 이러한 관계의 과정을 통해 각색에 대한 총칭적인 컨셉트를 정의내릴 수 있을까? 각색의 대상들·도구들·모순들·기능들, 그리고 그 메커니즘은 무엇이란 말인가?

　기호학적 영감을 받은 방법적인 수단은 문제를 명확하게 표명한다. 이 수단은 실제적인 글읽기를 통해 로런스 올리비에와 파트리스 셰로의 《햄릿》, 베케트가 동의하여 필름에 담은 《고도를 기다리며》, 그 외의 여러 작품에 대한 실제적인 글읽기에서 잘 드러난다.

　기호학자인 앙드레 엘보는 현재 브뤼셀 자유대학교 인문대학 교수로 재직중이다. 그는 연극 기호학 센터 소장을 역임하고, 여러 국제공연기호학회에서 활발하게 활동하고 있다. 그의 저서 《공연 기호학》·《말과 몸짓》 등은 기호학적 방법론을 바탕으로 한 공연 예술에 관한 연구이다. 그런데 엘보의 연구가 후반으로 들어서면서 오페라 및 퍼포먼스와 같은 전체 공연 예술로 그 지평을 넓혀 가고 있음은 매우 흥미로운 일이다. 공연 예술 전반에 대한 기호학적인 연구를 통해 궁극적으로 영상 예술과의 조우를 꾀하고 있기 때문이다. 본 저서 《각색, 연극에서 영화로》는 바로 이러한 전환점을 잘 보여 주는 하나의 결과물이라고 하겠다.

東文選 文藝新書 190

번역과 제국
— 포스트식민주의 이론 해설

더글러스 로빈슨

정혜욱 옮김

  번역 과정이 한 언어를 다른 언어로 정확하게 의미를 전달하는 과정인 것은 사실이지만, 이 과정을 성공적으로 성취해 내는 것은 정말 쉽지 않은 일이다. 한 언어가 속한 문화와 다른 언어가 속해 있는 문화가 동일하지 않기 때문에, 이 과정에는 여러 가지 복합적이고 이질적인 요소들의 불협화음이 내재되어 있다. 그리고 이 불협화음을 조율하는 과정에서 이질적인 요소들의 만남과 절충이 평등주의적 원칙인 등가성의 원리에 입각해 있는 것이 아니다.

  1980년대 후반과 1990년대 초반 문화인류학에서부터 생겨난 포스트식민주의 번역 이론은 기본적으로 번역이 종종 제국의 중요한 채널로서 기능해 왔다는 데 주목한다. 더글러스 로빈슨은 주체 민족의 식민화, 번역 시장에서 식민적 태도의 잔존, 그리고 정신을 '탈식민화' 하기 위한 번역의 유토피아적 이용에 초점을 맞추어서 이러한 새로운 비평적 접근을 간결하게 소개하고 있다.

  로빈슨은 포스트식민주의 이론의 일반적인 개관으로 시작하여 무엇이 어떻게 번역되는가를 통제하는 권력 분화에 대한 최근의 이론들을 관찰하고, 번역에 관한 포스트식민적 사고의 역사적 발전을 추적한다. 그는 또한 포스트식민주의 맥락에서 번역의 부정적 · 긍정적인 영향을 탐구하면서, 포스트식민주의 번역 이론의 다양한 비판들을 논평하고, 핵심적인 용어 해설을 붙였다. 따라서 이 책은 동시대 번역 연구에서 가장 복잡하고 비판적인 몇몇 쟁점들에 대한 명확하고 유용한 안내서이다.

東文選 文藝新書 191

그라마톨로지에 대하여

자크 데리다

김웅권 옮김

"언어들은 말하기 위해 만들어지고, 문자 언어는 음성 언어에 대리 보충의 역할만을 한다……. 문자 언어는 음성 언어의 대리 표상에 불과하다. 사람들이 대상보다 이미지를 규정하는 데 더 많은 주의를 기울이는 것은 기이한 일이다." ― 루소

따라서 본서는 기이함을 드러낼 수밖에 없는 책이다. 그러나 그 이유는 문자 언어에 모든 주의를 기울임으로써, 이 책이 문자 언어로 하여금 근본적인 재평가를 받게 하기 때문이다. 그런 만큼 총칭적 '논리 자체'로 자처하는 것의 가능성을 사유하기 위해 그것(그러한 논리로 자처하는 것)을 넘어서는 일이 중요할 때, 열려진 길들은 필연적으로 상궤를 벗어난다. 이 논리는 다름 아닌 상식의 분명함에서, '표상' 이나 '이미지' 의 범주들에서, 안과 밖, 플러스와 마이너스, 본질과 외관, 최초의 것과 파생된 것의 대립에서 안정적 입장을 취하면서 음성 언어와 문자 언어의 관계를 규정하게 되어 있는 논리이다.

우리의 문화가 문자 기호에 부여한 의미들을 분석함으로써, 자크 데리다가 또한 입증하는 것은 그것들의 가장 현실적이면서도 때때로 가장 눈에 띄지 않은 파장들이다. 이런 작업은 개념들의 체계적인 '전치'를 통해서만 가능하다. 실제, 우리는 "문자란 무엇인가?"라는 질문에 야생적이고 즉각적이며 자연발생적인 어떤 경험에 '현상학적' 방식으로 호소함으로써 대답할 수는 없을 것이다. 문자(에크리튀르)에 대한 서구의 해석은 경험·실천·지식의 모든 영역들을 지배하고, 사람들이 그 지배력으로부터 해방시킬 수 있다고 생각하는 질문――"그것은 무엇인가?"――의 궁극적 형태까지 지배한다. 이러한 해석의 역사는 어떤 특정 편견, 위치가 탐지된 어떤 오류, 우발적인 어떤 한계의 역사가 아니다. 그것은 본서에서 '차연' 이라는 이름으로 인지되는 운동 속에서 하나의 종결된 필연적 구조를 형성하고 있다.

롤랑 바르트 전집 3

현대의 신화

이화여대 기호학 연구소 옮김

 이 책에서 바르트가 분석하고자 한 것은, 부르주아사회가 자연스럽게 생각하고 자명한 것으로 생각해 버려서 마치 신화처럼 되어 버린 현상들이다. 그것은 1950년대 중반부터 60년대 초까지 프랑스 사회에서 일어나고 있는 현상이지만, 이미 과거의 것이 되어 버린 것이 아니라 오늘날에도 유효한 것이기 때문에 독자들의 많은 관심을 불러일으키고 있다. 저자가 이책에서 보이고 있는 예리한 관찰과 분석, 그리고 거기에 대한 명석한 해석은 독자에게 감탄과 감동을 체험하게 하고 사물을 보는 새로운 눈을 뜨게 한다. 특히 후기 산업사회에 들어와서 반성 없이 이루어지고 있는 것, 가벼운 재미로만 이루어지면서도 대중을 지배하는 모든 것에 대해서 이 책은, 그것들이 그렇게 자연스런 것이 아니라는 것, 자명한 것이 아니라는 것을 알게 한다. 사회의 모든 현상이 숨은 의미를 감추고 있는 기호들이라고 생각하는 이 책은, 우리가 그 기호들의 의미 현상을 알고 있는 한 그 기호들을 그처럼 편안하게 소비하고 있을 수 없다는 것을 우리에게 알게 한다.

 이 책은 바르트 기호학이 완성되기 전에 씌어진 저작이기 때문에 엄밀한 의미에서 바르트 기호학을 대표하는 것은 아니지만, 그러나 그의 타고난 기호학적 감각과 현란한 문체로 이루어져 있어서 그의 기호학이론에 완전히 부합되고 있을 뿐만 아니라, 그의 텍스트 실천이론에도 상당히 관련되어 있어서 바르트 자신의 대표적 저작이라 할 수 있다.

東文選 文藝新書 242

문학은 무슨 생각을 하는가?

피에르 마슈레

서민원 옮김

문학과 철학은 어쩔 도리 없이 '엉켜' 있다. 적어도 역사가 그들 사이를 공식적으로 갈라 놓기 전까지는 말이다. 이 순간은 18세기 말엽이었고, 이때부터 '문학'이라는 용어는 그 현대적인 의미에서 사용되기 시작하였다.

문학이 독자들에게 제공하는 즐거움과는 우선 분리시켜 생각하더라도 과연 문학은 철학적 가르침과는 전연 상관이 없는 것일까? 사드·스탈 부인·조르주 상드·위고·플로베르·바타유·러셀·셀린·크노와 같은 작가들의, 문학 장르와 시대를 가로지르는 작품 분석을 통해 이 책은 위의 질문에 긍정적인 대답을 하고 있다. 왜냐하면 문학은 그 기능상 단순히 미학적인 내기에만 부응하지 않는 명상적인 기능, 즉 진정한 사유의 기재이기 때문이다. 이미 널리 인정되고 있는 과학철학 사상과 나란한 위치에 이제는 그 문체로 진실의 효과를 창출하고 있는 문학철학 사상을 가져다 놓아야 할 때이다.

피에르 마슈레는 팡테옹—소르본 파리 1대학의 부교수이다. 주요 저서로는 《문학 생산 이론을 위하여》(마스페로, 1966), 《헤겔 또는 스피노자》(마스페로, 1979), 《오귀스트 콩트. 철학과 제 과학들》(PUF, 1989) 등이 있다.

東文選 文藝新書 206

문화 학습 — 실천적 입문

주디 자일스 / 팀 미들턴
장성희 옮김

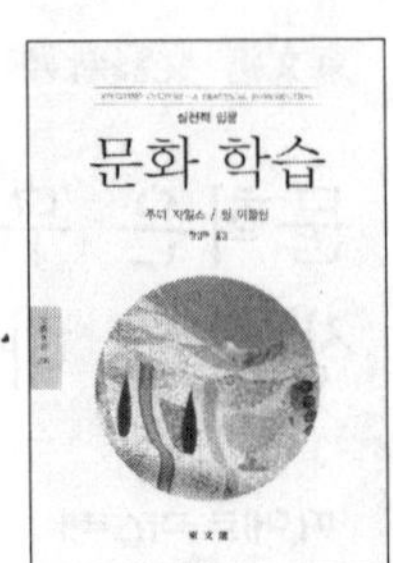

　이 책은 문화 연구의 핵심 개념들을 소개하는 개론서로, 특히 문화 연구라는 주제를 처음 접하는 사람들을 위해 쓰여졌다. 저자들이 선택한 독서들과 활동·논평들은 문화 연구의 장을 열어 주고, 문화지리학·젠더 스터디·문화 역사 분야에서의 새로운 작업을 결합시킨다.

　제I부는 문화와 문화 연구에 대한 다양한 해석들에 관한 논의로 시작해서 정체성·재현·역사·장소와 공간에 대한 탐구로 이어진다. 제II부에서는 논의를 확장시켜서 고급 문화와 대중 문화, 주체성, 소비와 신기술을 포함한 좀더 복잡한 주제들을 소개한다. 제I부와 제II부 모두 추상적 개념들을 경험적 자료들에 적용시키는 방법과 문화 분석에 있어 여러 학제적 접근 방법의 중요성을 예시해 주는 사례 연구들로 끝을 맺는다.

　중요 이론가들과 논평가들의 저서에서 발췌한 인용문들이 텍스트와 결합되어 학생들이 주요 관건들·이론들·논쟁들에 접근하도록 돕는다. 이 책 전반에 등장하는 연습과 활동은 독자들로 하여금 제시된 문제들을 분석적으로 생각하게 고무한다. 심화된 연구와 폭넓은 독서를 위해 서지·참고 문헌·권장 도서 목록을 함께 실었다.

　이 책은 그 다양성을 통해 문화 연구에 관한 지속적인 관심과 이해의 초석이 될 것이다.

　주디 자일스는 리폰 & 요크 세인트 존 칼리지에서 문화 연구·문학 연구·여성학을 강의하고 있으며, 팀 미들턴은 리폰 & 요크 세인트 존 칼리지에서 문학 연구와 문화 연구를 강의하고 있다.

東文選 文藝新書 212

영화와 문학의 서술학

문자의 서술, 영화의 서술

프랑시스 바누아

송지연 옮김

《영화와 문학의 서술학》은 영화 서술과 문학 서술에 분석의 도구를 제공하는 책이다. 이 책은 문자와 영화의 차이점을 살펴보고, 이 두 가지 표현 양식이 사용하는 서술의 기본적인 양상들을——인물·시간성·시점·묘사·대화——검토한다.

이 책은 다양한 작품에 대한 구체적인 분석을 통해 문제에 접근한다. 영화에서는 르누아르에서 히치콕, 부뉴엘에서 트뤼포까지, 문학에서는 발자크에서 해밋, 모파상에서 로브 그리예에 이르는 수많은 작품들이 인용되어 있다.

분명한 교육 목적을 가지고 집필된 이 책은 서술 이론과 영화의 문제에 대한 훌륭한 입문서가 될 것이다. 이 책을 읽는 데는 특별한 전문 지식이 필요없기 때문이다. 또한 앙드레 고드로와 프랑수아 조스트의 《영화서술학》은 독자에게 영화 서술 이론의 최근의 발전에 대해 심화된 지식을 제공한다.

東文選 文藝新書 223

담화 속의 논증

루스 아모시

장인봉 [외] 옮김

어떻게 상대방을 설득할 것인가? 이는 사용하는 형태나 수단에 관계 없이 모든 의사 소통이 공통적으로 추구하는 바이다. 특히 언어 활동을 통한 의사 소통에서는 나와 의견이 다르거나 무관심하던 '그들'을 나에게 공감하는 '우리'로 만들기 위해 끊임없이 언어로부터 풍부한 자원을 끌어온다.

전통적으로 고대 그리스의 수사학은 이런 설득술을 중시하였다. 하지만 수 세기를 거치면서 수사학은 논증 차원이 배제되고 표현에만 치중하는 말장난으로 폄하되는 수모를 감수해야 했다. 다행히 뒤늦게나마 20세기 중반부터 시작된 수사학에 대한 재평가와 함께 논증에 대한 연구도 활성화되고 있다. 이 책의 저자 루스 아모시 교수는 수사학적 전통과 화용론을 토대로 논증을 연구한다. 화자에 의한 언어 활동으로서의 '담화' 안에서 진행되는 논증 작용을 보여 주기 위해 다양한 장르의 담화를 분석 대상으로 삼는다. 국회 연설, 여성 운동 전단지, 신문이나 잡지에 실린 논쟁, 문학 작품에 이르기까지 그 대상은 다양하다. 따라서 논증에 쓰인 발화 작용 장치를 연구하는 화용론뿐 아니라, 청중을 설득하고자 하는 정치·법정·광고 등 각 분야에서 참고할 만한 좋은 읽을 거리를 제공할 것이다.

東文選 現代新書 149

시네마토그래프에 대한 단상

로베르 브레송
오일환 · 김경온 옮김

"이 단어들은 치열한 실험을 거듭하는 한 영화 감독의 일기장 속 메모들 그 이상이다. 이 단어들은 상처투성이이다. 고통의 표시들, 보석들이다. 우리의 밤 속에서(스크린에 불이 들어오기 위해서 필연적으로 와야 하는 창조의 밤) 이 단어들은 별처럼 빛난다. 우리에게 단순하면서도 험난하기 그지없는 길, 완벽을 향해 가는 길을 가리키는 별처럼 빛난다."

르 클레지오

로베르 브레송은 1907년 9월 25일 프랑스의 퓌드돔에서 태어났다. 파리 근교의 라카날 중 · 고등학교에서 수학하였고, 미술에 입문한 후 영화계로 진출했다. 1943년 첫 장편 영화 《타락한 천사들》을 연출했으며, 이 작품은 소설가 장 지로두가 대사를 썼다. 1945년, 브레송은 디드로의 소설 《운명론자 자크》의 한 구절에서 영감을 받아, 장편 영화 《불로뉴 숲의 여인들》을 연출했다. 이 작품은 초현실주의 시인이자 전방위의 만능 예술가였던 장 콕토가 대사를 썼다. 또 1951년에는 베르나노스의 《어느 시골 사제의 일기》, 1969년에는 도스토예프스키의 《다정한 여인》, 1971년에는 《몽상가의 나흘 밤》(도스토예프스키) 등의 소설을 각색하여 연출했다. 로베르 브레송은 극적 효과가 제거된 정제된 연출 스타일로 오늘날까지 영화사의 고전으로 평가받는 수많은 작품을 남긴 감독이다. 《사형수의 탈주》(1956), 《소매치기》(1959), 《잔 다르크의 재판》(1962), 《당나귀 발타자르》(1966), 《무셰트》(1967), 《호숫가의 랑슬로》(1974), 《아마도 악마일 거야》(1976), 《돈》(1983) 등의 작품이 있으며, 1999년에 사망하였다.

東文選 現代新書 92

현대연극미학

마리-안 샤르보니에

홍지화 옮김

연극은 재현을 통해 세상을 표현하려 한다. 그렇다면 재현이란 무엇인가? 극작가가 완벽한 환각을 유발하기 위해 눈앞에 보이는 자연이나 사회·역사적 현실을 충실히 모방하려는 계획을 세우는 것인가? 그렇지 않으면 세계를 픽션에 종속시켜 두고 픽션은 현실이 아니며, 무대는 거울이 아니라는 사실을 끊임없이 환기시키는 것인가? 사실 거울의 투명성은 세상의 투명성과 견주어지기도 한다. 결국 연극의 첫번째 기능은 관객으로 하여금 배우를 통해서 자기 자신을 인지하도록 하는 것이 아닌가?

20세기의 다양한 연극 실험들 가운데서 새로운 현대 연극미학을 정의 내릴 수 있는 공동 노선이 존재할까?

이 질문에 답하기 위해, 이 책은 다음과 같이 구성된다.

•아리스토텔레스로부터 오늘에 이르기까지 연극사의 주요 흐름을 되짚어 본다.

•주요 경향들의 독창성을 정의 내린다.

•그들의 대중적인 성공이나 실패 원인을 분석해 본다.

•수많은 예를 통해 알프레드 자리·클로델·아르토·메이에르홀트·브레히트 등을 조명해 본다. 이를 통해 무대가 현실에 복종하는 것을 점진적으로 거부함으로써 과거와는 반대되는 현대성에 대한 기정 방침이 표현된다.

東文選 現代新書 102

글렌 굴드, 피아노 솔로

미셸 슈나이더

이창실 옮김

캐나다 태생의 전설적인 피아니스트 글렌 굴드에 관한 전기
정상에 오른 32세 나이에 무대를 완전히 떠났으며, 결혼도 하지 않고, 50세라는 길지 않은 생을 살았던 천재적인 피아니스트 글렌 굴드에 관한 전기나 책들이 외국에서는 이미 많이 나왔으나 국내에는 처음으로 번역 소개되었다.

삐걱거리는 의자, 몸을 흔들며 끙끙대는 신음, 흥얼대는 노래, 다양한 음색, 질주하는 템포, 악보를 무시하는 해석, ……독특한 개성으로 많은 음악애호가들의 사랑을 받아 왔던 글렌 굴드의 무대 경력은 불과 9년에 불과했다. 30세가 되면 연주회를 그만두겠다고 밝힌 바 있었으며, 32세에 이를 실행하였다. 50세에는 녹음을 그만두겠다고 했다가 50세가 되던 다음 다음날 임종했다. 짧다면 짧고 단순하다면 단순하다고 할 수 있는 이 연주가에 대해 한 편의 전기를 쓰는 일이 결코 쉬운 일이 아니었을 것이나, 여기서 저자는 통상적인 전기물의 관례를 깨뜨린 채 인물의 내면으로 곧장 빠져 들어감으로써 보다 강렬한 진실을 열어 보이는, 예기치 못한 방법으로 그의 삶과 예술 세계를 조명하고 있다. 그리하여 그동안 그의 음악을 들어 오던 독자들로 하여금 평소에 생각했던 점들이 너무도 또렷한 언어들로 구현되고 있다는 느낌을 떨쳐 버릴 수 없도록 해주고 있다. 굴드의 연주에 대한 날카로운 분석은 물론 그런 연주와 밀접하게 얽혀 있는 한 삶에 대한 저자의 이해와 긴 명상에 동참하는 기쁨을 누리게 해준다.

東文選 現代新書 104

코뿔소

외젠 이오네스코

박형섭 옮김

　《코뿔소》는 하나의 풍자극이다. 비극성의 주조가 저변에 깔려 있는 인간—코뿔소, 사납고 그로테스크한 동물 마스크를 쓴 인간들의 운명에 관한 얘기다. 마치 고대 신화에 등장하는 괴물들·미노타우로스·스핑크스·넵투누스처럼 짐승의 모습으로 변신하는 인간—코뿔소의 드라마인 것이다. 하지만 앞의 고대 신화와는 달리 이 작품에서의 비극성은 인간과 신의 관계를 통해 구현되지 않는다. 그것은 인간이 외적 상황이나 삶의 조건에 따라 인간성을 상실함으로써 동물로 타락해 가는 과정, 즉 극한 상황에 직면한 인간들의 내부에서 발생하는 갈등을 통해 드러난다. 여기서 외적 상황이란 이성을 짓누르는 폭력, 개인의 자유를 억압하는 온갖 제도와 권력, 광신적 이데올로기를 일컫는다.

　이오네스코는 《코뿔소》라는 제목에 관해 언급하면서 이 동물의 성향이 공격성과 복종성을 동시에 지니고 있음을 강조했다. 여기에 집단성이라는 특질을 첨가할 수 있을 것이다. 폭력이 가공할 힘을 발휘하는 것은 그 집단적 성격에서 비롯하기 때문이다. 앞서 언급했듯이, 작가의 청년 시절 대부분은 유럽이 전쟁의 소용돌이에 휩싸였던 때이며 정신적으로 불안했던 시기였다. 그 시대적 상황은 수많은 지식인들로 하여금 코뿔소로 상징되는 어떤 힘의 이데올로기에 마취되도록 유도했다. 많은 사람들이 그 이데올로기의 공격성과 전염성·집단성에 무기력하게 방조 혹은 참여하는 태도를 취함으로써 자신의 정신을 포기했던 것이다. 결국 이 작품은 바로 그러한 비인간적인 폭력에 별 저항없이 추종하여 집단의 익명에 가담하는 비인간성, 혹은 거기에 동참하여 스스로 그 세계에 안주하는 아류들을 고발한다.

東文選 現代新書 113

쥐비알

알렉상드르 자르댕

김남주 옮김

아버지의 유산, 우리들 가슴속엔 어떤 아버지가 자리하고 있는가?

　정신적 지주였던 아버지에 관한 자전적 이야기인 이 작품은, 소설보다 더 소설적인 부자(父子)의 삶을 감동적으로 담아내고 있다. 자녀들에게 쥐비알이라는 애칭으로 불렸던 그의 아버지 파스칼 자르댕은 여러 편의 소설과 1백여 편의 시나리오를 남겼다. 그 또한 자신의 아버지, 그러니까 저자의 할아버지에 대한 소설 《노란 곱추》를 발표하였으며, 이 작품 또한 수년 전 한국에 소개된 바 있다. 하지만 자유 그 자체였던 그의 존재 이유는 무엇보다도 여자를 사랑하는 일에 있었다. 그의 진정한 일은 여인을 사랑하는 것이었다, 특히 자신의 아내를.

　그는 열여섯의 나이에 아버지의 여자친구인 거대한 재산 상속녀의 침대로 기운차게 뛰어들어 그녀의 정부가 되었으며, 자신들의 관계를 기념하기 위해 베르사유궁의 프티 트리아농과 똑같은 저택을 짓게 하고 파티를 열어 그의 아버지를 초대하는가 하면, 창녀를 친구로 사귀어 몇 달 동안 하루도 거르지 않고 서너 차례씩 꽃다발을 보내어 관리인으로 하여금 그녀가 혹시 공주가 아닐까 하는 착각에 빠지게끔 만들기도 하였다. 그런가 하면 자신의 어머니의 절친한 연인의 해골과 뼈를 집 안에 들여다 놓고, 그것이 저 유명한 나폴레옹 외무상이었던 탈레랑의 뼈라고 능청스레 둘러대다가 탄로나서 집 안을 발칵 뒤집히게 하는 등, 기상천외한 기행과 사랑의 모험을 한순간도 멈추지 않았다. 심지어 죽어서까지 그의 영원한 연인이자 아내였던 저자의 어머니에게 끊임없이 무덤으로부터 열렬한 사랑의 편지가 배달되게 하는가 하면, 17년이 지난 오늘날까지 그의 아내를 포함하여 그를 사랑했던 30여 명의 여인들을 해마다 그가 죽은 날을 기해 성당에 모여 눈물을 흘리게 하여, 그가 죽음으로써 안도의 숨을 내쉬었던 그녀들의 남자들을 참담하게 만들기도 하였다. 스위스의 그의 무덤에는 하루도 빠짐없이 지금까지도 제비꽃 다발이 놓이고 있다.

東文選 現代新書 96

근원적 열정

뤼스 이리가라이

박정오 옮김

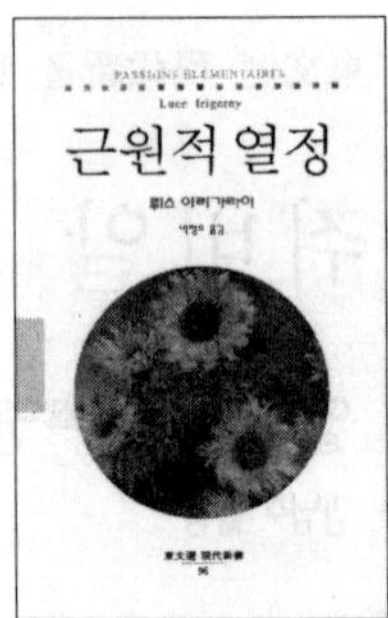

　뤼스 이리가라이의 《근원적 열정》은 여성이 남성 연인을 향한 열정을 노래하는 독백 형식의 산문시로 이루어져 있다. 이 글에서는 여성이 담화의 주체로 등장하지만, 남성 중심으로 이루어진 현존하는 언어의 상징 체계와 사회 구조 안에서 여성의 열정과 그 표현은 용이하지도 자유로울 수도 없다.

　따라서 이리가라이는 연애 편지 형식을 빌려 와, 그 안에 달콤한 사랑 노래 대신 가부장제 안에서 남녀간의 진정한 결합이 왜 가능할 수 없는지를 역설적으로 보여 주려 애쓴다. 연애 편지 형식의 패러디는 기존의 남녀 관계에 의문을 제기하고 교란시키는 적절한 하나의 전략이 되고 있는 것이다.

　서구의 도덕적 코드가 성경 위에 세워지고, 신학이 확립되면서 여신 숭배와 주술은 주변으로 밀려났다. 이리가라이는 그 뒤 남성신이 홀로 그의 말과 의지대로 우주를 창조하고, 그의 아들에게 자연과 모든 피조물을 통치하게 하는 사고 체계가 형성되면서 여성성은 억압되었다고 지적한다. 또한 그녀는 남성신에서 출발한 부자 관계의 혈통처럼, 신성한 여신에게서 정체성을 발견하고 면면히 이어지는 모녀 관계의 확립이 비로소 동등한 남녀간의 사랑과 결합을 가능케 해준다고 주장한다.

　이리가라이는 정신과 육체의 이분법적인 서구 철학의 분류에서 항상 하위 개념인 몸이나 촉각이 여성적인 것과 연관되어 있다는 점을 인식하고 타자로 밀려난 몸에 일찍부터 주목해 왔다. 따라서 《근원적 열정》은 여성 문화를 확립하는 일환으로 여성의 몸이 부르는 새로운 노래를 찾아나선 여정이자, 여성적 글쓰기의 실천 공간인 것이다.